图书馆管理与资源建设研究

杨 波 洪立辉 蒙卫东◎著

吉林文史出版社

图书在版编目（CIP）数据

图书馆管理与资源建设研究／杨波，洪立辉，蒙卫东著 . -- 长春：吉林文史出版社，2024.7. -- ISBN 978-7-5752-0464-4

Ⅰ . G251

中国国家版本馆 CIP 数据核字第 2024M695S7 号

TUSHUGUAN GUANLI YU ZIYUAN JIANSHE YANJIU

书　　名	图书馆管理与资源建设研究
作　　者	杨波　洪立辉　蒙卫东
责任编辑	张　蕊
出版发行	吉林文史出版社
地　　址	长春市福祉大路 5788 号
网　　址	www.jlws.com.cn
印　　刷	北京四海锦诚印刷技术有限公司
开　　本	710mm×1000mm　1/16
印　　张	13.25
字　　数	213 千字
版　　次	2025 年 3 月第 1 版
印　　次	2025 年 3 月第 1 次印刷
定　　价	58.00 元
书　　号	ISBN 978-7-5752-0464-4

前　言

图书馆不仅是知识的宝库，也是文化传承和创新的重要平台。然而，面对日新月异的信息环境，图书馆管理与资源建设也面临着前所未有的挑战。因此，对图书馆管理与资源建设进行深入研究，探索适应新时代要求的图书馆管理与资源建设模式，具有重要的理论和实践意义。

本书首先对图书馆的概述进行系统介绍，包括图书馆的演变、特征与功能、要素与类型以及现代化发展。其次，着重解读图书馆管理原理与创新发展，包括管理的目标与职能、原则与原理、组织与控制以及创新发展。再次，进一步论述图书馆资源的多元管理，包括传统纸质资源管理、人力资源管理、电子资源管理和设备资源管理。再其次，分别对公共图书馆和高校图书馆资源建设的实践应用进行深入探讨，包括地域文化资源建设、文献与馆藏资源建设、影视资源建设、未成年人服务与数字资源建设、地方特色文献资源建设、资源的"双一流"建设以及专业数据库资源建设。最后，聚焦数智时代下图书馆管理与资源建设的创新发展，探索包括自助服务模式研究、虚拟馆员的应用、资源库的建设与利用以及数字资源评价体系的构建。

本书在内容构建上力求理论与实践的紧密结合。一方面，深入探讨图书馆管理与资源建设的理论框架；另一方面，也针对实际应用场景进行详尽的剖析。同时，本书还紧密结合当前数智化时代的发展潮流，对图书馆管理与资源建设的未来趋势进行前瞻性的预测和探讨。在阐述过程中，本书注重多元视角的融合，从多个不同角度对图书馆管理与资源建设进行全面而细致的解读，旨在为读者提供更全面、更深入的见解和思考。

本书在写作过程中，获得许多专家和学者的帮助与指导，在此表示衷心的感谢。由于笔者的能力有限，加之时间紧迫，书中可能存在一些遗漏之处，希望读者能够提供宝贵的意见和建议，以便笔者进行进一步的修订，使其更加完善。

目　录

第一章　图书馆的概述

第一节　图书馆的演变

一、图书馆性质的演变

图书馆的演变是一部波澜壮阔的历史长卷，它随着人类文明的发展而不断进步。"图书馆是民众获取信息的重要渠道，它对提高公民文化素质、普及国民教育起着重要作用。"① 在最初的阶段，图书馆的性质更多地表现为一种知识、信息的私有和垄断，它们往往由贵族或宫廷所掌握，只为少数特权阶层服务。那时的图书馆是知识的殿堂，但门槛极高，普通民众难以触及。

随着社会的变革和文化的普及，图书馆的性质逐渐发生变化。工业革命的到来推动知识的民主化，公共图书馆的兴起使得图书馆的性质由封闭走向开放，由垄断走向共享。图书馆不再是特权阶层的专属，而是成为大众获取知识的场所。到了 20 世纪，信息技术的迅猛发展进一步改变图书馆的性质。数字图书馆的出现，使得图书馆的服务突破时间和空间的限制，任何人都可以通过网络访问到全球范围内的图书馆资源。

图书馆性质的演变，不仅体现社会的进步和文化的普及，也反映人类对知识和信息的追求和渴望。如今，图书馆已经成为社会文化交流的重要平台，它不仅是知识的宝库，更是人们精神生活的重要组成部分。

二、图书馆记录材料的演变

图书馆最初的时候，记录材料主要是纸质的手抄本和卷轴。这些材料虽然珍

---

① 　杨颖. 图书馆演变及发展的社会意义 [J]. 黑龙江史志, 2009 (13)：85.

贵，但数量有限，且易于损坏。随着印刷术的发展，纸质书籍逐渐成为图书馆的主要记录材料。书籍的出现提高了知识的传播效率，也为图书馆的发展提供重要的物质基础。

到了 20 世纪，随着科技的进步，图书馆的记录材料开始多样化。除了传统的纸质书籍外，还出现了光盘、磁带等电子媒介。这些媒介的出现，使得图书馆可以存储更多的信息，并且可以通过电子设备进行访问和阅读。进入 21 世纪后，随着数字技术的广泛应用，图书馆的记录材料进一步向数字化方向发展。电子书籍、数据库、网络资源等数字资源成为图书馆的重要组成部分，它们具有容量大、易于复制、便于检索等优点，极大地丰富了图书馆的资源和服务。

图书馆记录材料的演变，不仅反映了科技进步对图书馆事业的推动，也体现了图书馆在满足人们信息需求方面的不断创新和进步。

三、图书馆服务对象的演变

在最初的时候，图书馆的服务对象主要是贵族、宗教或宫廷中的特权阶层。这些人群有着较高的文化素养和知识水平，他们对图书馆的需求主要集中在学术研究、文化传承等方面。

随着社会的发展和文化的普及，图书馆的服务对象逐渐扩大。公共图书馆的兴起使得图书馆开始向普通民众开放，越来越多的人开始走进图书馆，享受阅读的乐趣。到了 20 世纪，随着科技的进步和教育水平的提高，图书馆的服务对象进一步多样化。除了传统的读者群体外，图书馆还开始向残疾人、老年人、儿童等特殊群体提供服务。此外，随着信息技术的发展，图书馆的服务对象还扩展到全球范围内的网络用户。

图书馆服务对象的演变，不仅体现社会的进步和文化的普及，也反映图书馆在满足人们多样化需求方面的不断创新和进步。如今，图书馆已经成为社会文化交流的重要平台，它服务于各个年龄段、各个社会阶层的人群，为人们提供丰富的知识资源和精神食粮。

四、图书馆传播范围的演变

在最初的时候，图书馆的传播范围主要受到地理位置和交通条件的限制。只有少数能够到达图书馆的人才能获取到其中的知识和信息。这种局限性在很大程度上限制了图书馆的发展和影响力的扩大。

随着社会的进步和科技的发展，图书馆的传播范围逐渐扩大。印刷术的出现使得书籍可以大量复制和传播，从而扩大图书馆的影响范围。到了 20 世纪，随着广播、电视等媒体的发展以及互联网的普及，图书馆的传播范围得到进一步的拓展。人们可以通过各种媒体渠道获取到图书馆的资源和服务，这使得图书馆的影响力得到空前的提升。

进入 21 世纪后，随着信息技术的快速发展和数字化资源的广泛应用，图书馆的传播范围进一步向全球范围扩展。数字图书馆的出现使得人们可以通过网络访问到全球范围内的图书馆资源和服务，这种无国界、无障碍的传播方式极大地促进了知识的共享和交流。如今，图书馆已经成为一个开放、共享、全球化的知识平台，它为人类文化的传承和发展做出了重要的贡献。

图书馆传播范围的演变，不仅体现了科技进步对图书馆事业的推动，也反映了人类对知识和信息的渴求以及追求文化交流的愿望。在未来，随着科技的不断进步和社会的发展变化，图书馆的传播范围还将继续扩大并发挥更加重要的作用。

◆ 第二节 图书馆的特征与功能

一、图书馆的特征

（一）公益性

图书馆具有明显的公益性，它也是文化建设的一个重要渠道，所有的文化成果都能通过这一平台得到最完美的展示。公益性指的是所有阅读者都能够通过各种途径享受到公共单位所提供的各种阅读服务，在这个过程中，不管是哪一个成员都能免费享受相关服务，这也是图书馆建设的最根本诉求。

发扬图书馆的公益特征，要求将人的价值放在发展的首位，关注读者的合法权益，促进其向着有序健康的轨道持续高效运转。所以，图书馆建设过程中应该将读者的口碑作为一个重要的参照标准，它具有明显的现实性。坚持从公益的角度出发来建设图书馆，能够为未来的图书馆建设能力的进一步增强打下扎实的根基。

遵循公益性这一基本诉求，社会当中就会多一份公正，读者也有了阅读自己想读书籍的权利。公益图书馆不能设置准入门槛，所有成员都有使用它的权利，都有享受相关服务的权利。正是这种资源共享的宝贵性，使得更多的人员参与到图书馆建设当中，使其受众范围明显扩大。

充分发挥图书馆公益价值能够和读者构筑和谐的关系。要想与读者保持一种和谐的关系，就需要我们以一种平等的态度对待他们。对于图书馆来说，它们所面对的是广大的读者，要对这种关系有一种明确的认知，才能更好地建设各种文献资源。读者对自身的诉求更为满足，他们在各种公共活动中具有更大的话语权。此外，图书馆需要结合读者的诉求进行各种服务的建设，优化传统的模式，提升服务的质量和水平，这是图书馆的重要使命。拓宽交流渠道，读者在图书馆建设中参与度提升，就会对图书馆建设以及服务提出建议，图书馆才会针对这些反馈提出较好的改进，服务才会更加具有针对性。

（二）均等性

图书馆的均等性特征是指图书馆为社会公众提供平等的信息获取和服务的机会。这种均等性不仅体现在图书馆资源的公平分配上，还体现在图书馆服务的普遍性和包容性上。

第一，图书馆的均等性特征体现在资源的公平分配上。图书馆作为信息资源的集散地，其首要任务是为社会公众提供平等的信息获取机会。这意味着图书馆应该确保其馆藏资源的多样性和全面性，以满足不同用户群体的需求。无论是儿童、青少年、成年人还是老年人，无论是学生、教师、研究人员还是普通市民，图书馆都应该为他们提供适合的阅读材料和信息服务。此外，图书馆还应该关注弱势群体的信息需求，如残疾人、少数族裔、贫困人口等，为他们提供特殊的资源和服务，以实现信息资源的公平分配。

第二，图书馆的均等性特征体现在服务的普遍性和包容性上。图书馆不仅是一个提供阅读材料的地方，更是一个提供知识服务和文化交流的平台。图书馆应该为所有用户提供平等的服务机会，无论他们的年龄、性别、种族、宗教信仰、社会地位等。这意味着图书馆的服务应该具有普遍性，能够满足不同用户群体的需求。同时，图书馆的服务还应该具有包容性，能够尊重和容纳不同的文化、价值观和生活方式。例如，图书馆可以提供多语种的服务，以满足不同语言用户的需求；图书馆可以举办各种文化活动，以促进文化交流和理解；图书馆可以提供个性化的服务，以满足用户的个性化需求。

第三，图书馆的均等性特征体现在技术的应用上。随着信息技术的发展，图书馆的服务方式和用户需求也在不断变化。图书馆应该充分利用现代技术，为用户提供便捷、高效、个性化的服务。例如，图书馆可以建立数字图书馆，提供电子图书、在线期刊、数据库等数字化资源，以满足用户的信息需求；图书馆可以利用社交媒体、移动应用等技术手段，提供在线咨询、预约借阅、远程访问等服务，以方便用户的使用；图书馆可以利用大数据、云计算等技术手段，分析用户行为和需求，提供个性化的推荐和定制服务，以提高用户的满意度。

第四，图书馆的均等性特征体现在社会责任上。图书馆作为公共文化机构，承担着传播知识、弘扬文化、促进社会和谐的重要责任。图书馆应该积极参与社会公益事业，为社会发展做出贡献。例如，图书馆可以开展阅读推广活动，提高公众的阅读兴趣和文化素养；图书馆可以举办各种教育培训课程，提高用户的信息素养和技能水平；图书馆可以参与社区建设和发展，促进社区文化繁荣和社会和谐。

（三）基本性

图书馆作为文化的载体和知识的宝库，其存在和发展应体现文化的高度包容性和公平共享性。阅读作为一种文化活动，不应受到任何形式的限制，而应自由地、平等地被每个人所享有。因此，图书馆在建设过程中，其基本性的核心在于确保所有成员，无论其社会地位、经济条件、性别、年龄，都能平等地享有基本的阅读权益。

图书馆的基本性特征是其存在和发展的基石。只有坚持图书馆的基本性，才能确保图书馆的资源和服务能够真正地为所有人所共享，才能使图书馆成为推动社会进步和文化繁荣的重要力量。因此，我们应该加大对图书馆建设的投入，不断提高图书馆的服务水平，使图书馆成为人民群众生活中不可或缺的一部分。

（四）便利性

图书馆作为一种公共服务设施，其便利性特征是衡量图书馆服务质量和吸引读者的重要因素。在当今信息爆炸的时代，图书馆的便利性不仅体现在借阅图书的便捷程度上，还包括图书馆的空间布局、技术应用、服务方式等多方面。

第一，地理位置的便利性。图书馆的地理位置对于读者来说至关重要。一个位于市中心的图书馆，交通便利，容易吸引市民前来阅读和借阅。此外，图书馆还应考虑周边环境和配套设施，如地铁站、公交站、停车场等，以便读者能够轻松到达。在我国，许多城市都在积极推进"15分钟阅读圈"建设，力求让市民在家门口就能享受到便捷的图书馆服务。

第二，开放时间的便利性。图书馆的开放时间直接影响到读者的使用体验。为了满足不同读者的需求，图书馆应尽量延长开放时间，包括周末和节假日。同时，图书馆还可以实行预约制度，让读者在非开放时间也能借阅图书。此外，图书馆还可以开展夜间阅读活动，为读者提供更多阅读机会。

第三，空间布局的便利性。图书馆的空间布局应充分考虑读者的阅读习惯和需求。宽敞明亮的阅读区、舒适的座椅、充足的充电插座等，都是提高读者阅读体验的重要因素。此外，图书馆还可以设置不同功能的空间，如儿童阅读区、自习室、讨论区等，以满足不同读者的需求。在我国，许多图书馆还推出了"创客空间"，为创新创业者提供交流和实践的平台。

第四，技术应用。随着科技的不断发展，图书馆的技术应用水平也在不断提高。自助借还书机、电子阅读器、智能推荐系统等，都为读者提供更加便捷的服务。此外，图书馆还可以利用大数据、云计算等技术，对读者的阅读喜好、借阅记录进行分析，为读者提供更加个性化的服务。在我国，许多图书馆还推出了线上服务平台，读者可以通过手机、电脑等设备，随时随地查阅图书馆的资源和信息。

第五，服务方式的便利性。图书馆的服务方式直接影响到读者的满意度。除了传统的借阅、咨询、检索等服务外，图书馆还可以开展丰富多彩的活动，如讲座、展览、读书会等，吸引读者参与。此外，图书馆还可以与其他文化机构、社会组织合作，共同举办活动，提升图书馆的知名度和影响力。在我国，许多图书馆还推出了志愿者服务，让读者参与到图书馆的建设和管理中，提高读者的归属感和满意度。

（五）社交与文化性

图书馆的社交与文化性使其成为一个社区中心，不仅提供知识和信息，还促进社区的凝聚力和文化交流，为社会的发展和文化的繁荣做出贡献。以下是图书馆的社交与文化性的主要特点：

第一，促进社交交流。图书馆为读者提供一个公共空间，促进读者之间的交流和互动。读者可以在图书馆与其他人分享兴趣、交流思想，参与各种活动和讨论，建立社交网络和人际关系。

第二，文化活动和展览。图书馆定期举办各种文化活动和展览，如讲座、音乐会、艺术展览等，丰富读者的文化生活。这些活动不仅提供文化娱乐的机会，还推广艺术和文化的传播，促进社区的文化交流和多样性。

第三，文学和艺术资源。图书馆收藏丰富的文学作品、艺术书籍和资料，为读者提供文学和艺术领域的资源。读者可以在图书馆阅读和借阅文学作品，了解艺术的发展和欣赏艺术作品，培养审美能力和文化素养。

第四，社区参与和公益服务。图书馆积极参与社区事务，提供各种公益服务。它为弱势群体提供帮助和支持，开展社区教育项目，组织志愿者活动，促进社区的发展和共融。

二、图书馆的功能

图书馆的功能不断拓展和深化，其重要性日益凸显。下面将从保存功能、传承功能、教育功能、传播功能、服务功能和创新功能六方面，详细探讨图书馆的核心价值和社会作用。

（一）保存功能

从古代的藏书阁到现代的数字图书馆，图书馆一直承担着保存人类知识和文化遗产的重任。

第一，图书馆的保存功能体现在对人类知识和文化遗产的保护上。自古以来，图书馆就是保存人类知识和文化遗产的重要场所。无论是古代的藏书阁，还是现代的图书馆，都承担着保存书籍、文献、手稿等重要资料的任务。这些资料是人类智慧和经验的结晶，是文化传承和历史研究的重要依据。图书馆通过对这些资料的收集、整理、保存和传播，为人类的知识积累和文化传承提供重要的保障。

第二，图书馆的保存功能体现在对稀有和珍贵资料的保存上。图书馆不仅收集和保存常见的书籍和文献，还特别注重收集和保存稀有和珍贵的资料。这些资料可能出于历史原因、自然原因或其他原因而变得稀有和珍贵，如古籍、手稿、档案、艺术品等。图书馆通过对这些资料的保存，不仅保护人类的文化遗产，还为学术研究和文化欣赏提供重要的资源。

第三，图书馆的保存功能体现在对数字化资料的保存上。随着信息技术的发展，数字化资料已经成为图书馆收藏的重要组成部分。图书馆通过对数字化资料的保存，不仅方便用户对信息的获取和利用，还保护这些资料免受物理损害和丢失的风险。此外，图书馆还可以通过数据备份和恢复等技术手段，确保数字化资料的安全性和长期可用性。

第四，图书馆的保存功能还体现在对地方文化和民族文化的保存上。图书馆不仅收集和保存全国性和国际性的资料，还特别注重收集和保存地方文化和民族文化的资料。这些资料反映地方文化和民族文化的特色和传统，是文化多样性和地域特色的重要体现。图书馆通过对这些资料的保存，不仅保护地方文化和民族文化的传承，还为地方文化研究和民族文化研究提供重要的资源。

第五，图书馆的保存功能体现在对学术成果和科研资料的保存上。图书馆是学术研究和科研工作的重要支撑机构。图书馆通过对学术成果和科研资料的收集和保存，为学术研究和科研工作提供重要的资源保障。这些资料包括学术论文、研究报告、专利文献、实验数据等，是学术研究和科研工作的重要依据和参考。

（二）传承功能

图书馆不仅仅是保存文化遗产的场所，更是文化传承的重要平台。通过对文献的整理、研究和传播，图书馆促进人类文明的连续性和发展性，使先贤的智慧和经验得以流传。

第一，图书馆拥有丰富的藏书资源，从古籍到现代出版物，从纸质书籍到电子资源，它们构成一个多元而全面的知识体系。这些资源的积累并非一朝一夕，而是历经世代的累积和沉淀。图书馆通过系统性地收集、分类和整理各类文献资料，为人们提供一个探索历史、了解先人智慧的窗口。

第二，图书馆作为公共文化空间，为社会成员提供自由获取知识的平台。在这里，不分年龄、性别、身份，每个人都可以平等地接触到各种知识和信息。图书馆通过借阅服务、阅读推广活动、学术讲座等形式，激活藏书中蕴含的知识，使其得以在社会中流动和传播，从而实现知识的传承。

第三，随着科技的发展，图书馆的传承功能也在不断进化。数字化技术的引入使得图书馆能够突破物理空间的限制，通过数字图书馆、在线数据库等新形式，更广泛、更便捷地向公众传递知识。同时，图书馆也积极参与到开放获取运动中，推动学术成果的自由共享，促进知识的自由流动和再创造。

第四，图书馆承担着教育和研究的重要角色。在学校教育中，图书馆是学生学习和研究的重要场所，提供必要的教材、参考书籍和学习环境。在高等教育和专业研究领域，图书馆更是不可或缺的学术资源中心，支持着教师和学者的研究工作。通过这些教育活动和学术研究，图书馆进一步推动知识的深化和发展。

第五，图书馆的传承功能体现在对社会文化遗产的保护上。许多图书馆不仅收藏书籍，还致力于保护各种非物质文化遗产，如手稿、地图、影像资料、声音记录等。通过对这些文化遗产的整理和展示，图书馆为后人提供认识和理解历史的机会，也为文化多样性的保护做出贡献。

第六，图书馆在传承中也不断创新。它们适应时代的变迁，更新服务方式，拓展服务内容，满足人们对知识多样化的需求。例如，一些图书馆开始提供创客空间、虚拟现实体验等新型服务，使图书馆成为一融集学习、交流、创造为一体的综合文化平台。

（三）教育功能

图书馆提供广泛的学习资源和环境，支持正规教育，同时也为终身学习提供便利。图书馆不仅收藏各类专业书籍和学术期刊，还提供丰富的课外读物和兴趣资料，满足不同年龄段、不同兴趣读者的需求。

第一，图书馆作为知识宝库的功能。无论是传统的纸质图书、报章杂志，还是现代的电子书籍、数据库资源，图书馆都能为读者提供丰富多样的选择。这些资源不仅是人类智慧的结晶，更是人们获取知识、了解世界的重要途径。在图书馆中，读者可以根据自己的兴趣和需求，自由选择所需的文献资源。无论是深入研究某一学科领域，还是广泛涉猎各类知识，图书馆都能满足读者的需求。通过阅读和学习，读者可以不断拓宽自己的知识面，提高自己的综合素质。

第二，图书馆作为学习场所的功能。图书馆是一个理想的学习场所，拥有丰富的学习设施和资源，如自习室、阅览室、电子阅览室等。这些设施和资源为读者提供便利的学习条件，使读者能够更加高效地进行学习和研究。同时，图书馆还定期举办各类学术讲座、研讨会等活动，邀请专家学者与读者进行面对面的交流，为读者提供宝贵的学习机会。

第三，图书馆作为信息素养教育基地的功能。在信息时代，信息素养已经成为现代人必备的基本素质之一。图书馆作为信息素养教育基地，承担着培养读者信息素养的重要任务。

图书馆通过开展各类信息素养教育活动，如信息检索课程、数据库使用培训等，帮助读者掌握信息检索、信息处理、信息评价等基本技能。图书馆引导读者树立正确的信息意识，培养他们对信息的敏感性和判断力，使他们能够在海量的信息中筛选出有价值的信息，为自己的学习和研究提供支持。

第四，图书馆作为终身教育平台的功能。终身教育是现代教育的核心理念之一，它强调人们应该在一生中不断地学习和进步。图书馆作为终身教育平台，为不同年龄、不同层次的读者提供持续学习和发展的机会。对于青少年和在校学生来说，图书馆是他们获取知识、培养兴趣、拓宽视野的重要场所。他们可以在图书馆中借阅图书、参加各类活动，不断充实自己的知识储备和综合素质。对于成年人来说，图书馆是他们进行职业培训、提升自我、实现个人价值的重要平台。他们可以通过阅读专业书籍、参加学术讲座等方式，不断更新自己的知识和技能，提高自己的职业素养和竞争力。

（四）传播功能

在数字化和网络化的背景下，图书馆的传播功能越发显著，成为连接知识与公众的桥梁。图书馆的传统功能是通过收集、整理和保存图书及其他资料来服务社会。然而，随着信息技术的发展和互联网的普及，图书馆的传播功能得到极大的拓展。现代图书馆不仅提供纸质书籍，还提供电子书籍、在线数据库、多媒体资源等，为公众提供更加便捷、高效、多样化的知识获取方式。

图书馆通过提供各种阅读空间和设施，如阅览室、电子阅读区、讨论室等，为公众提供一个良好的学习和交流环境。这些设施不仅满足个人的自学需求，也为团体学习和协作提供支持。在这里，人们可以自由地阅读、学习、讨论和分享，使得知识的获取和传播更加活跃和广泛。

图书馆还定期举办各种文化活动和展览，如作家讲座、书展、艺术展等，这些活动不仅丰富公众的文化生活，也为知识的传递和交流搭建平台。通过这些活动，图书馆将知识以更加生动、直观的方式呈现给公众，增强知识的传播效果。

此外，图书馆可以还利用互联网和社交媒体等新兴渠道，扩大知识传播的范围和影响力。建立自己的网站和社交媒体账号，发布新书推荐、阅读指南、学术讲座等信息，与读者进行互动和沟通。这些在线服务不仅方便读者远程获取信息和使用图书资源，也使得图书馆的影响力延伸到线上世界。

在教育领域，图书馆也发挥着重要的传播功能。学校图书馆为师生提供丰富的教学资源和学习资料，支持教学和学习的各个环节。通过与教师的合作，图书馆还可以开展信息素养教育、研究方法指导等活动，帮助学生提高信息获取和处理能力。

图书馆的传播功能还体现在对社会文化的推广和传播上。许多图书馆致力于保护和传承地方文化和历史遗产，通过收藏和展示相关文献资料、举办文化交流活动等方式，促进地方文化的发展和传播。这不仅有助于增强公众对本地文化的认同感和归属感，也为文化交流和多元文化的共生提供条件。

总之，图书馆作为一个传统与现代相结合的知识传播平台，在促进知识传播、满足公众知识需求、推动社会文化发展等方面发挥着不可替代的作用。在未来，图书馆需要进一步适应数字化时代的挑战和机遇，不断创新服务模式和方法，提高知识传播的效率和质量。同时，也需要加强与社会各界的合作与交流，共同推动构建一个知识充分流动、人人可享的知识社会。

（五）服务功能

第一，图书馆信息服务功能。图书馆集聚信息资源，提供书籍、期刊、电子资源等便捷检索、阅读、借阅服务。随着互联网的普及，在线阅读、远程访问等拓展服务应运而生，满足读者地域不限的资源需求。图书馆还负责信息素养教育，举办讲座等活动提升读者信息能力。对科研工作者，图书馆提供定题服务、科技查新等深层次服务。

第二，图书馆文化传播功能。图书馆作为文化交流平台，传播知识、弘扬文化，举办展览、讲座等活动提升公众文化素养。同时参与国际交流，引进国外文化成果。图书馆还承担非遗保护传承使命，收藏、整理资料，举办相关活动提高公众认识。

第三，图书馆教育辅导功能。图书馆是终身教育场所，提供自学环境，针对不同读者个性化辅导。与学校、企业等合作开展联合教育活动，推动学习型社会建设。

第四，图书馆休闲娱乐功能。图书馆提供舒适阅读环境，举办休闲活动丰富文化生活。针对儿童和青少年，提供专门休闲娱乐服务，培养阅读兴趣。

第五，图书馆社会服务功能。作为公共文化机构，图书馆为政府、企业等提供决策支持，参与公益活动助力社会和谐。同时承担城市文化建设责任，举办文化活动提升城市文化品位，与其他文化机构合作推动文化事业发展。

（六）创新功能

图书馆的创新功能是其在现代社会中保持活力和持续发展的关键。随着科技的进步和社会的变化，图书馆不再仅仅是书籍的存放地，而是成为推动知识传播、促进文化交流、支持教育和研究的重要平台。

第一，图书馆的创新功能体现在其作为知识中心的转变上。在信息爆炸的时代，图书馆不仅仅是提供书籍和资料的地方，更是成为知识的整合者和传播者。图书馆通过建立数字化资源库、开展在线教育、提供虚拟参考咨询等方式，使得知识的获取更加便捷和高效。此外，图书馆还通过举办讲座、研讨会、工作坊等活动，促进知识的交流和分享，激发用户的创新思维。

第二，图书馆的创新功能体现在其作为技术试验田的角色上。随着新技术的不断涌现，图书馆成为技术应用和创新的前沿阵地。例如，图书馆可以利用大数据分析用户行为，提供个性化的推荐服务；利用云计算技术提高资源的存储和访问效率；利用物联网技术实现智能化的图书馆管理；利用虚拟现实技术提供沉浸式的阅读和学习体验。这些技术的应用不仅提高图书馆的服务质量和效率，还给用户带来全新的使用体验。

第三，图书馆的创新功能体现在其作为文化交流平台的角色上。图书馆不仅是知识的传递者，更是文化的交流者和创造者。图书馆通过举办各种文化活动，如艺术展览、电影放映、音乐会等，促进文化的传播和交流。此外，图书馆还通过开展国际交流活动，引进外国优秀文化资源，推动文化交流与互鉴。通过这些活动，图书馆成为连接不同文化、促进文化多样性的桥梁。

第四，图书馆的创新功能还体现在其作为社会创新实验室的角色上。图书馆不仅是知识的提供者，更是创新的推动者。图书馆可以与学校、企业、政府等机构合作，开展联合创新项目，解决社会问题，推动社会进步。例如，图书馆可以开展创新创业支持服务，为创业者提供信息资源、技术支持和交流平台；图书馆可以开展社区发展项目，促进社区文化和经济的繁荣；图书馆可以开展公益项目，提高公众的环保意识和公益意识。

第五，图书馆的创新功能体现在其作为学习支持中心的角色上。图书馆不仅是知识的获取地，更是学习的支持者。图书馆可以通过提供学习空间、学习资源、学习工具等方式，为用户的学习提供全方位的支持。例如，图书馆可以建立创客空间，提供 3D 打印机、激光切割机①等工具，支持用户的创新实践；图书馆可以开展学习辅导服务，为用户提供学习方法和学习策略的指导；图书馆可以开展在线学习平台，提供在线课程和学习社区，支持用户的自主学习。

◆ 第三节　图书馆的要素与类型

一、图书馆的要素

（一）图书馆的文献与馆藏

文献指的是图书馆所收藏的中外文文献，包括书籍、期刊、报纸、文献汇编、电子文献等。这些文献可以是纸质版的，也可以是电子版或者数字版的。其中文献是图书馆的核心资源，是图书馆提供服务的基础。馆藏是指图书馆所拥有的所有资源，如音像资料、电子资源、数字资源等。这些资源都是图书馆提供服务的重要组成部分。

图书馆文献与馆藏的作用，首先它们是满足读者求知需求的物质基础。通过这些资源，图书馆能够支持用户的自我学习和研究工作，同时提供丰富的文化活动和服务来满足用户的文化需求。在数字化时代，图书馆的文献资料不仅限于实体藏书，还包括大量的数字资源，如电子书、在线数据库和多媒体内容，这些资源的整合和数字化极大地拓展图书馆的功能和服务范围。此外，图书馆的馆藏还具有保存文化遗产的重要职责，确保各类文献能得以系统地保存并传承给后代。

综上所述，图书馆的文献与馆藏不仅构成其核心的物质基础，而且对于推动

---

① 图书馆激光切割机是一种用于图书馆内部或相关设施的高科技设备，它能够帮助图书馆提供更加智能化和个性化的服务。这种设备通常用于制作书籍封面、装饰品或其他图书馆相关物品，同时也能够支持图书馆举办的各种创意工作坊和活动。

社会文化、教育的发展及提升民众的科学文化水平起到不可或缺的作用。

（二）读者

读者是图书馆服务的对象，也是图书馆存在和发展的基础。读者的需求是图书馆服务的出发点和落脚点，图书馆应该根据读者的需求调整服务内容和方式，提高服务质量和效率。读者类型一般是指图书馆的读者是持有借书证的人。随着社会科学技术的不断发展，特别是网络技术的普及，以及社会人生存方式和休闲方式的多样化，图书馆的读者对象发生很大的变化。就目前来说，图书馆的读者有着三种含义：

第一，现实读者。图书馆的现实读者可分为正式读者和临时读者。正式读者指持有图书馆借书证或阅览证，与图书馆建立正式借阅关系的人；临时读者指无借阅证，尚未与图书馆建立确定关系，偶尔利用图书馆的人。

第二，网络读者。网络读者是指通过网络浏览图书馆网页的人。图书馆网络读者的特点是面广、数量多，且不受地域限制。网络读者的出现，满足人们对网络信息的需求。

第三，潜在读者。一切造访图书馆的人，包括在图书馆休闲娱乐的人，听讲座、看展览的人，以及没有任何目的走进图书馆的人。

（三）馆员

馆员是图书馆工作的主体，负责图书馆的日常运营和管理。馆员需要具备专业的知识和技能，如图书馆学、文献学、信息技术等，以便为读者提供优质的服务。同时，馆员还需要具备良好的沟通能力和服务意识，以便更好地满足读者的需求。

图书馆馆员在图书馆中发挥着举足轻重的作用。他们不仅负责图书馆的日常运作，而且承担着图书的采购、分类、编目、流通管理以及信息咨询等多重任务。他们在图书馆中扮演着建筑师、管理员、教育者等多重角色，为公众提供高效、优质的服务。

第一，馆员是图书馆资源的建设者。他们根据读者的需求和图书馆的发展规划,进行图书的采购工作。这一过程不仅要求馆员具备良好的专业素养,还需要他们不断了解各类图书的市场动态,以及随时关注读者需求的变化。此外,馆员还须参与图书馆藏书的整理和维护工作,确保图书馆藏书的质量和完整性。

第二,馆员是图书馆资源的管理者。他们需要对图书进行分类、编目,使得读者能够快速准确地找到所需图书。为了实现这一目标,馆员需要掌握严谨的图书分类体系,并不断学习和更新编目知识。在此基础上,馆员还要负责图书馆的典藏策略,合理分配各类图书的存放位置,以提高图书的流通效率。

第三,馆员是图书馆服务的提供者。他们承担着信息咨询服务的职责,为读者解答各类问题。在这个过程中,馆员需要具备丰富的知识储备、敏锐的信息意识和良好的沟通技巧,以便能够迅速地为读者提供准确、有效的信息。

第四,馆员还应关注图书馆的可持续发展。他们需要不断地更新自己的专业知识和技能,以适应图书馆发展的需要。同时,他们还要关注图书馆在社会中的地位和作用,积极参与图书馆事业的推广和普及工作,为提高全民素质贡献力量。

(四) 技术方法

技术方法在图书馆的应用涵盖图书文献的全方位处理,包括收集、整理、组织、管理、流通和利用等环节,形成一个完整的工作体系。这个体系不仅包含了传统的手工操作技术方法,还融入以计算机技术为核心的现代信息情报技术。运用这些先进的技术方法,可以显著提高图书馆的工作效率和服务质量,为广大读者提供更为便捷的服务。

图书馆技术方法的演变,可以从一定程度上反映出我国图书馆事业的进步和发展。例如,自动化借阅系统、电子资源检索系统和数字图书馆等,这些都是现代科技在图书馆领域的具体应用,它们改变传统图书馆的工作模式,使图书馆的服务变得更加智能化、便捷化。这些技术的不断发展和完善,为图书馆的未来发展提供广阔的空间。

(五) 建筑与设备

图书馆建筑是专门为藏书、阅览和相关图书馆服务功能设计的建筑物。这类建筑不仅包含存放书籍的空间，还包括阅览区、咨询台、多功能厅、计算机工作站等多个区域。在现代图书馆建筑设计中，通常注重灵活性、扩展性以及室内环境的舒适性，同时兼顾安全、易用性和可持续发展。

图书馆建筑提供适宜的存储环境，保护图书和其他资料免受损害。这对于纸质书籍和脆弱的文献资料尤为重要，因为它们容易受到环境因素（如温度、湿度等）的影响。通过合理的空间布局，满足不同用户的需求，如个人阅读、小组讨论、学术研究等。这有助于提高图书馆的使用率，促进知识的传播与创新。图书馆不仅是知识的宝库，也是文化交流的平台。它们通常成为城市或社区的文化地标，彰显当地的文化底蕴和品位。现代化的图书馆设计便于信息技术的使用和网络连接，如无线网络覆盖、数字化服务等。这有助于提高图书馆的服务质量和满足用户的信息需求。

图书馆设备是图书馆运营的物质基础，包括书架、阅览桌椅、计算机硬件、打印设备、扫描器、自助借还书机、安防系统（如监控摄像头和门禁系统）、照明设备、空调通风系统等。这些设备和设施应满足图书馆业务需求和用户使用需求，同时保持高效和现代化。图书馆设备可以提高图书馆工作效率。例如，自助服务设施可以减少前台工作人员的压力，加快书籍流通，从而提高服务质量。舒适的阅读椅、适宜的照明条件以及安静的环境有助于提升阅读舒适度，使用户在图书馆度过愉快的阅读时光。监控设备和门禁系统可以有效保护图书馆资产，防止图书和设备被盗或损坏。计算机和网络设备使读者能够访问电子资源，进行在线学习和研究，拓宽知识领域。

综上所述，图书馆建筑与设备对维护图书馆的正常运作、提供高质量的服务以及满足用户多样化需求具有至关重要的影响。一个合理设计和设备完善的图书馆能够极大地提升图书馆的功能性和用户体验，使其成为人们向往的知识殿堂。因此，在图书馆的建设和管理过程中，应充分重视图书馆建筑与设备的选择与配置，为读者创造一个舒适、高效、安全的阅读环境。

二、图书馆的类型

当前图书馆类型划分标准的适用性与时代发展的适应性之间存在一定的张

力，需要图书馆不断创新和调整其服务和运营模式，以满足用户的新需求和应对技术的新挑战。

（一）根据地域划分

图书馆的地域划分是基于行政区划或地理位置来界定的。从国家到地方，每个层级的图书馆都在为相应范围内的居民提供服务。

第一，国家图书馆。作为国家的文化象征和知识中心，国家图书馆负责收集和保管国内出版的所有重要出版物的副本，是国家总书库。它不仅为学者和研究人员提供丰富的学术资源，还承担着传承和弘扬国家文化的重要使命。国家图书馆是我国图书馆体系的龙头，其丰富的馆藏资源和专业服务为全国人民提供无限的知识宝藏。

第二，省级图书馆。位于省一级行政区划内，为全省范围内的居民提供服务。省级图书馆在馆藏资源、服务水平等方面都具有一定的规模和特色，是地方文化建设和学术研究的重要基地。它们在传播省级特色文化、推动地方学术研究方面发挥着关键作用。

第三，市级图书馆。作为城市的文化地标，市级图书馆服务于该市的居民。它不仅要满足市民的阅读需求，还要为城市的文化建设和发展做出贡献。市级图书馆在推广城市文化、提升市民素质方面承担着重要责任。

第四，县级图书馆。位于县一级行政区划内，为当地居民提供服务。虽然规模较小，但县级图书馆在普及科学文化知识、提高居民素质等方面发挥着重要作用。它们是基层文化传播的纽带，为农村地区提供知识支持。

第五，乡镇图书馆、街道图书馆。这些基层图书馆位于乡镇和街道一级行政区划内，为乡镇居民和社区居民提供服务。它们通过提供贴近居民生活的图书和服务，成为连接城乡文化、传递知识的重要桥梁。乡镇和街道图书馆是图书馆体系中最贴近百姓的一环，对于促进基层文化建设具有重要意义。

第六，学校图书馆。位于教育机构内，为师生提供服务。学校图书馆是学校教学和科研的重要支持，它不仅要满足师生的阅读需求，还要为教学和科研提供丰富的文献资源。学校图书馆在培养青少年阅读习惯、促进教育事业发展方面发挥着关键作用。

第七，专门图书馆。如儿童图书馆、盲人图书馆、少数民族图书馆等，这些图书馆服务于特定群体或主题。它们通过提供个性化的服务和资源，满足不同群体的特殊需求。专门图书馆体现我国图书馆事业的多元化发展，为各类读者提供更加精准的服务。

（二）根据技术划分

图书馆作为知识与信息的宝库，随着科技的发展不断演变，形成多种不同的类型。

第一，传统图书馆。传统图书馆是最经典也是最古老的图书馆形式。它主要依托实体建筑和物理藏书，提供给公众一个实体的阅读和研究空间。读者可以亲临图书馆，通过卡片目录或电子目录查找所需书籍，然后在书架上找到并借阅实体书籍。传统图书馆通常设有阅览室、借书处、咨询台等区域，并配备有专业的图书管理员提供服务。这种类型的图书馆对空间和地理位置有一定的依赖性，且开放时间固定，用户需在规定时间内访问。

第二，数字图书馆。随着信息技术的飞速发展，数字图书馆应运而生。数字图书馆通过数字化技术将书籍、期刊、图像、音视频资料等文献资源转化为数字格式，存储在服务器中。用户可以通过网络连接，不受时间和空间的限制，随时检索、阅读、下载所需的资料。数字图书馆的出现极大地提高了信息资源的可获取性和传播效率，同时减少实体空间的约束。

第三，移动图书馆。移动图书馆是随着移动互联网和智能设备的普及而产生的新型图书馆服务模式。通过移动应用程序（App）或移动优化的网站，用户可以在智能手机、平板电脑等移动设备上访问图书馆的服务。移动图书馆不仅提供电子书、数据库等数字资源，还能进行图书查询、借阅状态查看、预约等操作。这种方式让读者能够更加便捷地利用零碎时间阅读和学习，满足现代快节奏生活中人们对知识和信息的即时需求。

第四，虚拟现实图书馆。虚拟现实图书馆是一种利用虚拟现实（VR）技术创造的沉浸式图书馆体验。用户通过戴上 VR 头盔，就能进入一个三维的虚拟图书馆空间，在这个空间里，可以进行书籍的浏览、选择、阅读等活动。虚拟现实图书馆特别适合于那些因地理距离或身体条件限制而难以到达实体图书馆的用户。此外，它还为教育和研究提供新的可能性，比如模拟历史场景、进行虚拟展览等。

（三）根据服务对象划分

图书馆，作为知识与信息的集散地，不仅承载着传承文化的重任，更在现代社会中扮演着不可或缺的角色。根据其服务对象的不同，图书馆可以被细分为多种类型，每一种类型都承担着独特的使命，为特定的用户群体提供丰富的服务。

第一，公共图书馆。公共图书馆，作为面向社会公众开放的公益性文化机构，其服务对象是广泛而多样的，包括成人、儿童、老年人以及特殊群体等。它不仅是人们获取信息、提升自我、享受阅读乐趣的重要场所，更是推动社会文明进步的重要力量。公共图书馆的服务内容丰富多样，包括但不限于图书借阅、期刊阅读、电子资源检索、参考咨询、文化讲座、亲子阅读、特殊群体服务等。为了满足不同群体的需求，公共图书馆通常会设置多个功能区，如成人借阅区、儿童阅读区、残疾人专用区等，并提供多样化的服务方式，如线上预约、自助借还、移动图书馆等。

第二，学校图书馆。学校图书馆，作为学校教育资源的重要组成部分，主要服务于在校师生，为他们的教学和研究提供有力支持。学校图书馆不仅拥有大量的教学参考书和学术著作，还具备丰富的电子资源和数字化服务，能够满足师生在教学和研究过程中的各种需求。学校图书馆的服务功能主要包括图书借阅、参考咨询、学术检索、课程辅助等。为了更好地支持师生的学习和研究，学校图书馆通常会设置多个学科专区，提供个性化的服务，如学科馆员服务、课程资料包等。同时，学校图书馆还会定期举办各种学术活动，如学术讲座、读书会、论文写作指导等，以激发师生的学术热情，提升他们的学术素养。

第三，专业图书馆。专业图书馆，如法律图书馆、医学图书馆等，是服务于特定领域的专业人士的图书馆。它们拥有大量与该领域相关的专业书籍、期刊、数据库等资源，为专业人士提供深入、系统的专业信息服务。专业图书馆的服务对象通常是该领域的专业人士，如律师、医生、科研人员等。因此，其服务内容也具有较强的专业性和针对性。除了提供基本的图书借阅和参考咨询服务外，专业图书馆还会根据专业人士的需求，提供专业化的培训和指导，如法律数据库检索培训、医学文献综述写作指导等。此外，专业图书馆还会定期举办专业领域的学术活动和研讨会，为专业人士提供交流和学习的平台。

第四，企业图书馆。企业图书馆，作为企业内部的信息资源中心，主要服务于企业员工。它拥有与企业业务相关的各种资料和信息，为企业员工提供与企业发展密切相关的知识和信息支持。企业图书馆的服务内容包括但不限于图书借阅、行业资讯提供、市场分析报告、竞争对手分析等。通过提供这些信息支持，企业图书馆能够帮助员工更好地了解行业动态和市场趋势，为企业的发展提供有力的决策支持。同时，企业图书馆还会根据企业的需求，提供个性化的培训和服务，如职业技能培训、行业知识讲座等，以提升员工的综合素质和业务能力。

第五，社区图书馆。社区图书馆，作为服务于社区居民的公益性文化设施，是居民文化休闲的温馨场所。它拥有丰富多样的图书资源和文化活动，为社区居民提供便捷的文化服务。社区图书馆的服务对象主要是社区居民，特别是儿童和老年人。因此，其服务内容也具有较强的针对性和实用性。除了提供基本的图书借阅服务外，社区图书馆还会根据居民的需求，开展各种文化活动，如亲子阅读、书法绘画班、健康讲座等。这些活动不仅能够丰富居民的文化生活，还能够增强社区凝聚力和文化认同感。

第四节　图书馆的现代化发展

文化兴则国运兴，文化强则民族强。图书馆是国家文化发展水平的重要标志，是滋养民族心灵、培育文化自信的重要场所。随着中国坚定不移地走和平发展的现代化道路，图书馆现代化发展已然成为建设社会主义文化强国不可或缺的重要组成部分。它是推进文化自信自强，实现社会主义文化新辉煌的关键途径，对丰富人民精神文化生活、提升国家文化软实力有着深远的意义。

图书馆现代化发展具有深厚的理论逻辑，既是对传统图书馆学理论的充分吸收、充分借鉴，又是对中国化时代化的充分创新、充分运用。图书馆理论和实践发展的新境界，是推进图书馆现代化发展的动力之源。图书馆现代化发展以实现人的全面发展为目标，围绕新的社会主要矛盾提供均等化、泛在化、智慧化服务，推动图书馆高质量发展。

一、图书馆现代化的内涵

图书馆现代化，指的是在新的时代背景下，通过运用先进的技术手段和管理理念，对图书馆的功能、服务和形态进行全面的改革和创新，以更好地满足社会发展的需求。这包括以下五方面：

第一，理念现代化。从传统的以藏书为主转变为以服务用户为主，强调用户需求导向，提供个性化的服务。

第二，技术现代化。运用云计算、大数据、人工智能等先进技术，实现图书馆业务的数字化、网络化和智能化，为用户提供便利高效的服务。

第三，服务现代化。根据用户需求的变化，丰富图书馆的服务内容，提供线上线下相结合的服务方式，满足用户多样化的需求。

第四，管理现代化。建立科学的管理机制，完善图书馆的运营体系，实现资源的优化配置，提高服务效率。

第五，空间现代化。对图书馆的物理空间进行改造升级，打造舒适、人性化的阅读环境，提高用户的使用体验。

二、图书馆现代化的深远影响

第一，满足需求。图书馆现代化能够更好地满足用户对知识信息的需求，提供个性化、多样化的服务，满足用户不断变化的需求。

第二，提高效率。通过实现业务流程的数字化和智能化，图书馆的服务效率将得到大幅提升，给用户带来更好的使用体验。

第三，优化体验。图书馆现代化的物理空间改造和服务升级，将给用户带来更加舒适、便利的阅读体验，提高用户的满意度和忠诚度。

第四，弘扬文化。图书馆作为文化传承的重要阵地，通过现代化发展，可以更好地发挥其在弘扬中华优秀传统文化方面的作用，推动文化的传承和创新。

第五，推动发展。图书馆现代化将推动图书馆事业的发展，提高图书馆在社会中的地位和影响力，为建设文化强国贡献力量。

三、图书馆现代化的发展路径

（一）集中统一管理

图书馆作为记录经济社会发展和人类文明进步的宝贵载体，其重要性不言而喻。因此，加强党对图书馆事业的领导，是确保图书馆工作沿着正确方向前进的关键。

第一，坚决拥护党的全面领导。图书馆事业是党和国家事业的重要组成部分，其发展成果离不开党的领导和关怀。图书馆工作者须深入贯彻落实党的方针政策，确保党的决策部署在图书馆工作中得到全面体现。通过设立专题书架、建设学习空间、开展红色阅读等活动，图书馆应成为传播党的声音的重要阵地。

第二，图书馆现代化发展须遵循中国特色社会主义道路。图书馆应紧密围绕党的中心工作，强化全民阅读、资源建设、智库咨询、学科服务、文化交流等关键任务，发挥中国特色社会主义制度的优势，推动图书馆事业在新的历史起点上实现蓬勃发展。

第三，各级党组织在图书馆事业发展中应发挥战斗堡垒作用。加强图书馆各类组织的党建工作，推动党建工作与业务工作深度融合，打造具有特色的"党建+图书馆"品牌。党组织和党员应在图书馆急难险重任务中发挥先锋模范作用，积极投身志愿服务，或在线上提供阅读推广服务，充分展现党员的风采。

（二）全面贯彻新发展理念

新发展理念回答图书馆发展的目的、动力、方式、路径等一系列问题，对"实现什么样的图书馆发展、怎样实现图书馆发展"和推动图书馆现代化发展具有重要指导意义。

第一，在图书馆事业前进方向中贯彻新发展理念。坚持问题导向，立足人民群众日益多元的文化需求，积极深化创新的理念、用好协调的手段、培育绿色的动能、制定开放的举措、实现共享的目的，以新发展理念推动图书馆体制机制改革，加快图书馆理念、技术、服务转型升级，推动图书馆事业创新发展，不断把文化强国建设引向深入。

第二，在图书馆文献资源建设等核心业务中贯彻新发展理念。程焕文先生曾提出"资源为王"的理念，图书馆的发展离不开高质量的文献资源建设。一方面，需要优化馆藏资源结构，协调各学科门类、各种形态的文献资源均衡发展，更好地服务学科发展需要、社会进步需要；另一方面，通过加强合作，建立区域联盟，实现资源的共建共享，避免资源的重复建设，如"湖南省高校数字图书馆工程"的建设。

第三，在图书馆服务读者的实践中贯彻新发展理念。图书馆的服务要秉承"为了一切读者，一切为了读者"的理念，让每一位读者都能踏进图书馆的大门，平等地享有图书馆提供的各类服务。图书馆在服务读者时需要"想读者之所想，供读者之所需"，如全民阅读活动要着力解决读者"读什么""去哪儿读""怎么读"等问题，让读者成为图书馆事业发展的主人翁和动力源。

（三）推动图书馆事业高质量发展

新时代，图书馆高质量发展是解决图书馆服务从注重发展速度到注重提升质量的重大转变，其根本目的在于不断满足人民群众日益增长的美好生活需要。

第一，要切实转变图书馆发展方式。高质量发展阶段，图书馆发展要从追求规模扩大、速度加快向注重质量、提升内涵转型，通过美化图书馆馆舍空间布局、完善文献信息资源建设、丰富阅读推广活动、强化信息咨询和智库服务功能、优化馆员人才队伍结构等，实现图书馆更高质量、更有效率、更加公平、更为安全、更可持续发展，在经济社会发展中更好地发挥图书馆文化育人和信息服务功能。

第二，坚持创新驱动发展战略。加快落实文化强国、网络强国、数字中国等战略，充分运用5G、大数据、物联网、人工智能等新技术，加快"物联网+图书馆""大数据+图书馆""AI+图书馆"建设，实现图书馆数字化、网络化、智慧化转型；创新实施"元宇宙+图书馆"建设，推动元宇宙虚拟图书馆空间和现实图书馆空间融合升级，打造虚实融合的新型图书馆服务，如温州市图书馆的"智慧城市书房"引入元宇宙空间，给读者提供具身性、沉浸式体验。

第三，建立覆盖全社会的服务体系。我国存在东部与中西部区域发展不平衡、城乡之间发展不平衡的客观现实，图书馆需要破解发展不均衡的难题，建设广泛覆盖的文化服务体系，通过社区图书馆、流动书车、农家书屋等将文化服务延伸到基层、农村，让广大人民群众都能共享图书馆发展成果。

（四）促进共同富裕

共同富裕是中国式现代化的重要特征，图书馆在促进共同富裕方面大有可为，也大有作为。

第一，促进精神生活共同富裕。阅读可以丰富人们的精神世界，提升个人文化修养，涵养整个社会的文化气息。图书馆要将全民阅读作为一项重要工作，不断深化阅读推广服务，在全社会形成"爱读书、读好书、善读书"的良好风尚，促进全民精神共同富裕。

第二，构建更高水平的公共文化服务体系。共同富裕不是少部分人、少部分地区的富裕，而是全民共享的富裕。因此，图书馆要在深入推进总分馆建设、补齐图书馆设施短板、丰富文化产品供给、提升全民素养等方面精准发力，构建全域覆盖、全员参与、全网整合的图书馆服务网络，为促进共同富裕奠定坚实的基础。

第三，构建图书馆文化和旅游深度融合的发展模式。文旅融合作为文化强国的新命题，对推动共同富裕具有重大战略价值。图书馆文旅深度融合就是要发挥图书馆的深厚文化底蕴，通过文化赋予旅游以灵魂的机制路径，促使旅游提质增效，引导游客从"赏风景"向"赏文化"转变，实现文化效应、经济效应双提升。

（五）提升治理能力现代化

图书馆治理效能是图书馆现代化发展的重要标尺，也是文化强国建设的重要指标。治理效能的提升离不开法治理念提升、文化建设培育和多元主体参与等。

第一，提升依法治理水平。贯彻落实现行的法律法规，不断完善中国特色社会主义图书馆法律法规体系。综合运用"报、台、网、微、端、屏"等融媒体平台，加强图书馆法治宣传，深入开展普法释法工作。进一步厘清图书馆主管部门的权力边界和图书馆职能职责，鼓励支持地方政府因地制宜出台地方性图书馆法规和规范性文件。

第二，积极培育图书馆文化和图书馆职业精神。文化治理是克服图书馆官僚化、行政化、标签化的有效手段。加强图书馆文化建设，培育图书馆精神，是推动图书馆现代化发展的重要立足点。深入挖掘图书馆社会主义文化的时代价值，提炼具有中国特色、国际传播意义的文化标识，推动图书馆文化国际交流交融。要大力弘扬图书馆职业精神，用精神的力量激励人、鼓舞人、感召人，展现新时代图书馆馆员队伍甘于奉献、乐于授业、勇于创新的良好精神风貌。

第三，构建多元治理格局。建立图书馆事业管理局，发挥好政府宏观引导作用，同时也积极推动社会力量、行业组织、公民等参与其中，共同繁荣图书馆文化市场，创建多元主体参与治理的新格局。组建图书馆联盟，加强区域图书馆治理，打造图书馆命运共同体，如湖南省组建的长株潭图书馆联盟，实现资源共建共享。完善图书馆总分馆治理体制，推动图书馆治理重心下沉，积极向基层图书馆延伸，夯实基层图书馆治理能力，不断提高基层图书馆治理水平和效率。

第二章 图书馆管理原理与创新发展

◆ 第一节 图书馆管理的目标与职能

一、图书馆管理的目标

第一，提高图书馆的服务质量。提高图书馆的服务质量是图书馆管理的重要目标之一。这包括优化图书馆的借阅流程、提高图书馆工作人员的服务水平、改善图书馆的阅读环境等方面。通过这些措施，图书馆可以更好地满足读者的需求，提升读者的阅读体验，从而提高图书馆的服务质量。

第二，促进图书馆资源的有效利用。合理规划图书馆的馆藏结构、提高图书馆的检索系统效能、开展图书馆推广活动等方面。通过这些措施，图书馆可以更好地满足读者的需求，提高资源的利用效率，从而实现图书馆资源的最大化利用。

第三，保障图书馆的可持续发展。合理规划图书馆的经费支出、加强图书馆的人才队伍建设、推动图书馆的数字化转型等方面。通过这些措施，图书馆可以更好地适应社会发展的需求，实现图书馆的可持续发展。

第四，提升图书馆的社会影响力。加强图书馆的对外宣传、开展图书馆的公益活动、推动图书馆的创新发展等方面。通过这些措施，图书馆可以更好地展示自己的社会价值，提升自己的社会影响力，从而实现图书馆的社会价值最大化。

第五，优化图书馆的组织结构。加强图书馆的科技应用、推动图书馆的服务创新、开展图书馆的研究与交流等方面。合理设置图书馆的部门、明确图书馆的岗位职责、优化图书馆的工作流程等方面。通过这些措施，图书馆可以更好地实现资源的合理配置和高效利用，提高图书馆的运行效率和效果。

第六，加强图书馆的人才队伍建设。图书馆的工作人员是图书馆提供服务的重要力量，他们的素质和专业水平直接关系到图书馆的服务质量和效果。因此，加强图书馆的人才队伍建设也是图书馆管理的重要目标之一。这包括加强图书馆工作人员的培训和教育、提高图书馆工作人员的待遇和福利、建立图书馆工作人员的激励机制等方面。通过这些措施，图书馆可以更好地吸引和留住优秀的人才，提高图书馆工作人员的素质和专业水平，从而提高图书馆的服务质量和效果。

第七，推动图书馆的数字化转型。随着科技的发展，数字化转型已经成为图书馆发展的重要趋势。因此，推动图书馆的数字化转型也是图书馆管理的重要目标之一。这包括加强图书馆的数字资源建设、提高图书馆的数字服务能力、推动图书馆的数字技术应用等方面。通过这些措施，图书馆可以更好地适应数字化时代的需求，实现图书馆的数字化转型，从而提高图书馆的服务质量和效果。

第八，加强图书馆的对外合作与交流。图书馆作为知识传播的重要平台，其发展离不开与其他图书馆、文化机构、教育机构等的合作与交流。因此，加强图书馆的对外合作与交流也是图书馆管理的重要目标之一。这包括加强图书馆与其他图书馆的合作与交流、参与图书馆的国际合作与交流、推动图书馆与社会的互动与合作等方面。通过这些措施，图书馆可以更好地实现资源共享、促进知识传播、提升图书馆的社会影响力，从而实现图书馆的可持续发展。

第九，提高图书馆的科研与学术水平。图书馆作为知识传播的重要平台，其科研与学术水平直接关系到图书馆的服务质量和效果。因此，提高图书馆的科研与学术水平也是图书馆管理的重要目标之一。这包括加强图书馆的科研与学术研究、推动图书馆的科研与学术交流、提高图书馆工作人员的科研与学术能力等方面。通过这些措施，图书馆可以更好地实现知识的创新与传播、提升图书馆的科研与学术水平，从而提高图书馆的服务质量和效果。

二、图书馆管理的职能

"职能，是指人、事物、机构应有的作用。它亦可称之为'功能'。"[1] 图书

---

[1]　吕光远. 基于知识管理的图书馆管理职能创新研究 [J]. 黑龙江史志，2013 (14)：83.

管理是一项十分复杂的工作，它需要协调各方、做好规划、整体布局、有效控制，将人力、物力等多方面的资源合理配置，优化组合，使整体效能最优化，这样的建设布局才与图书馆建设的长远目标基本吻合，才符合未来的建设与发展布局。

（一）计划职能

合理规划未来的行动以及未来资源的供给与使用情况，即为"计划"。在确保图书馆按部就班实现图书馆目标方面，"计划"具有不可替代的指导作用，"计划"的制订使图书馆在面对不断变化的信息环境时能更好地适应，同时，提升图书馆在信息环境中的有利地位，甚至将其带入了一个存在本质不同的信息环境。

作为图书馆中的一种体系形式，"计划"的内在层级十分明确，例如，最高层次和总体的长远计划通常称为"战略计划"；位于中层的、具有较强操作性的计划通常称为"职能计划与部门工作计划"；而近期的具体计划通常是位于下级的工作计划。

（二）组织职能

组织，是为了实现图书馆目标，为图书馆成员共同工作创造的一个工作关系架构过程，以一种正式的汇报关系和任务关系系统为主要特征，组织结构的产生便是组织的必然结果。在这种系统的作用下，管理者能够为图书馆成员实现图书馆目标提供强大的动力和激励作用，可以说，图书馆在信息产品创造和信息服务的提供方面所需的资源利用效率直接取决于组织结构，其基本职能主要体现在四方面：

第一，合理地组织图书馆内的各项业务活动。这一方面包括对图书馆内部各个部门的功能和位置进行明确划分，使得各部门能够各司其职，高效运作；另一方面，也需要确保各项业务活动的开展能够有条不紊，相互协调，从而为信息产品的创造和信息服务的提供提供有力保障。

第二，管理人员授权。这是图书馆职能得到有效发挥的基本前提。管理人员应具备充足的职权，以便能够对图书馆的各项业务活动进行有效管理和指导。同时，也需要明确管理人员的职责，使其在履行职责的过程中，能够充分运用手中的权力，为图书馆的发展贡献力量。

第三，管理人员与下级之间的关系以及下级之间的和谐关系、内在联系的建立。这种关系能够确保工作所需信息在下级之间的沟通顺畅，有利于提高工作效率。同时，和谐的关系也有助于营造一个积极的工作氛围，使员工能够更好地投入工作中，为图书馆的发展贡献力量。

第四，对于自身所在部门与其他部门之间的关系，以及在影响图书馆经营运作方面，管理人员要仔细检查、精准把握。这需要管理人员具备较强的协调能力和判断力，以便在图书馆的运营过程中，能够处理好各种复杂关系，确保图书馆的稳定发展。

（三）领导职能

关于"领导"的概念，我们需要从两个维度来把握：首先，从领导现象来看，它是个体在群体中所展现出来的、能够引发他人跟随的一种影响力；其次，从领导行为来看，它涵盖了群体内特定成员所采取的一系列行动，这些行动旨在促进领导现象的形成或进一步加强这一现象。图书馆成员所表现出来的高度积极性和对图书馆的承诺，就是"领导"的结果。其功能主要体现在以下四方面：

第一，环境适应功能，即当外界环境发生改变时，图书馆内的人和资源要根据"领导"来调整自身的行为以适应环境的变化。

第二，积极性调动功能，在图书馆成员积极性调动方面"领导"具有重要作用，通过"领导"作用图书馆成员可以呈现出更加主动的态度和状态，从而有效把握"领导"所创造的发展机会。

第三，人际关系协调功能，该功能的有效发挥是营造良好图书馆工作氛围的重要保障，也是内耗降低的重要影响条件。

第四，督促功能，即对图书馆内成员以既定目标和计划为标准，保质保量地完成职责范围内的工作并进行有效督促。

（四）控制职能

以既定目标为依据对行为进行反复的跟踪和修正，从而使自身行为运作无限趋近于既定目标，最终获得理想的结果或业绩的过程即为控制。由于各种不确定性因素会对现实行为产生影响，因此与预定要求相比，每一行为都可能出现偏离，而既定目标或业绩的实现也会面临较大的难度。从图书馆的立场来看，"控制"就是为了有效规避这种情况，通过"控制"职能的发挥作用使管理人员能够在图书馆偏离目标太远之前将其纳入正确的轨道之内。

（五）评价职能

评价是指图书馆管理实施过程结束之后，根据管理的成效，对图书馆管理过程的各项活动进行全面的检查、比较、分析、论证和总结，从中得出规律性的启迪，以达到不断提高管理水平，取得更好的管理效益，实现管理良性循环的一项管理活动。图书馆管理过程结束之后，需要对其所获得的管理成绩和效果进行相应的评价，从中吸取经验和教训，为下一轮的管理循环提供依据，打好基础，以便不断提高图书馆管理工作的水平。因此，评价既是图书馆管理过程的归宿，又是图书馆管理过程的出发点。它对于加强图书馆管理工作，提高图书馆管理水平有着至关重要的作用。

◆　第二节　图书馆管理的原则与原理

一、图书馆管理的原则

（一）用户服务原则

用户服务原则占据着图书馆管理众多原则中的核心地位。这一原则强调图书馆的存在和发展的根本目的在于满足广大用户的信息需求。因此，图书馆管理在规划、设计、实施各个环节都应始终围绕用户的需求来展开。

第一，用户服务原则要求图书馆深入了解用户的需求。这不仅仅是简单的借阅统计或问卷调查，而是需要图书馆工作人员通过日常的观察、交流和数据分析，精准把握用户的阅读偏好、研究需求以及信息获取习惯。只有这样，图书馆才能提供真正符合用户需求的资源和服务。

第二，用户服务原则要求图书馆不断创新服务方式。随着社会的快速发展，用户对信息的需求也在不断变化。图书馆需要紧跟时代步伐，通过引入新技术、开发新应用、举办线上线下活动等方式，为用户提供更加丰富、便捷、个性化的服务。

第三，用户服务原则强调图书馆与用户之间的良性互动。图书馆应建立用户反馈机制，及时收集用户的意见和建议，并根据反馈结果进行服务改进。同时，图书馆还应积极开展用户教育，提高用户的信息素养和图书馆资源利用能力。在具体实践中，用户服务原则需要图书馆在多方面加以体现。例如，在资源建设方面，图书馆应根据用户需求和学科发展趋势，合理规划藏书和其他信息资源；在技术应用方面，图书馆应充分利用现代信息技术手段，提高资源利用效率和服务水平；在人才培养方面，图书馆应重视员工的专业培训和职业发展，打造一支高素质、专业化的服务团队。

（二）平等获取原则

平等获取原则强调了图书馆服务的普遍性和公平性，确保所有用户，不论其社会地位、经济能力、年龄、性别、种族或其他任何因素，都能平等地获取图书馆中的信息资源。

第一，平等获取原则要求图书馆在资源分配上做到公平。这意味着图书馆在采购图书、期刊、数据库等资源时，需要考虑到不同用户群体的需求，确保资源的多样性和全面性。同时，图书馆在布局和设置上也应考虑到用户的便利性和舒适性，比如提供无障碍设施、设置合理的开放时间和借阅规则等。

第二，平等获取原则强调图书馆在提供服务时要公正无私。图书馆工作人员应平等对待每一位用户，不因用户的身份、背景或行为而有所偏袒或歧视。在处理用户问题时，图书馆应遵循公正、公开、透明的原则，确保用户的合法权益得到保障。

第三，平等获取原则要求图书馆在数字时代积极应对信息不平等问题。随着互联网的普及和数字技术的发展，信息不平等问题日益凸显。图书馆作为信息资源的集散地，有责任通过技术手段和服务创新，降低信息获取的门槛，让更多人能够享受到信息带来的便利和福祉。

（三）资源建设原则

资源建设原则要求图书馆在资源采购上要有前瞻性和针对性。图书馆需要密切关注学科发展的最新动态和趋势，以及用户需求的变化，及时调整采购策略，确保图书馆资源的时效性和实用性。同时，图书馆还需要考虑到不同用户群体的需求差异，采购多样化的信息资源，满足不同用户的阅读和研究需求。

此外，资源建设原则还强调图书馆在资源整合和优化上的重要性。图书馆需要对现有资源进行整合和优化，提高资源利用效率和服务质量。这包括对图书馆藏书进行分类、编目、整理等基础工作，以及对电子资源进行整合和链接，提供一站式检索服务等。同时，图书馆还需要加强与其他信息机构的合作和交流，共享资源，提高资源利用效率。

（四）持续发展原则

持续发展原则强调图书馆作为一个组织，应不断适应社会发展的需求，通过不断更新服务内容和技术手段，实现自身的长期、稳定、健康发展。

持续发展原则要求图书馆具备前瞻性和创新性。图书馆作为信息资源的集散地，需要时刻关注社会、科技、文化等领域的最新动态，及时调整自身的发展战略和服务模式。同时，图书馆需要积极引入新技术、新应用，通过技术创新来推动服务创新，提升图书馆的服务水平。

持续发展原则要求图书馆注重资源的可持续利用。在资源建设方面，图书馆需要充分考虑资源的长期性和可持续性，避免资源的浪费和重复建设。同时，图书馆需要加强对资源的保护和管理，确保资源长期保存和有效利用。

持续发展原则强调图书馆在人才培养和团队建设上的重要性。图书馆作为一个组织，需要有一支高素质、专业化的团队来支撑其持续发展。因此，图书馆需要加强对员工的培训和教育，提高员工的业务素质和职业素养，同时积极引进优秀人才，为图书馆的持续发展提供有力的人才保障。

（五）合作共享原则

合作共享原则强调图书馆应与其他图书馆、信息机构以及相关组织建立紧密的合作关系，通过资源共享、优势互补，共同提高服务效率和质量。

合作共享原则要求图书馆具备开放性和包容性。图书馆需要打破传统的封闭思维，积极与其他机构建立合作关系，共同推动信息服务的发展。同时，图书馆需要尊重其他机构的独立性和差异性，实现资源共享的互利共赢。

合作共享原则要求图书馆加强与其他机构的沟通和协作。图书馆需要与其他机构建立有效的沟通机制，及时分享信息资源和服务经验，共同解决遇到的问题。同时，图书馆需要积极参与各种合作项目和活动，与其他机构共同推动信息服务的发展和创新。

合作共享原则还强调图书馆在资源建设和服务创新上的合作。图书馆可以与其他机构共同采购、整理、开发信息资源，形成资源互补和共享。同时，图书馆可以与其他机构共同开发新的服务模式和产品，为用户提供更加便捷、高效的信息服务。

（六）规范管理原则

规范管理原则是保证图书馆高效、有序运行的基础。这一原则强调图书馆的各项管理活动应依据明确的规章制度和流程进行，确保管理的科学性和规范性。

第一，规范管理原则要求图书馆制定和完善各项管理制度。这些制度应当涵盖图书馆的各方面，如借阅制度、馆藏管理制度、人员管理制度等，确保图书馆的各项活动都能有章可循、有据可查。同时，图书馆还应根据实际需要，不断完善和优化这些制度，以适应图书馆发展的新要求。

第二，规范管理原则强调图书馆管理的程序化和标准化。图书馆应建立科学的管理流程，明确各个环节的职责和要求，确保各项管理活动都能按照既定程序进行。同时，图书馆还应实现管理的标准化，通过制定统一的标准和规范，确保各项管理活动都能达到一定的水平和效果。

第三，规范管理原则还要求图书馆加强对员工的培训和教育。员工是图书馆管理的重要执行者，他们的素质和能力直接影响到图书馆的管理水平。因此，图书馆应加强对员工的培训和教育，提高员工的业务素质和职业素养，使他们能够更好地理解和执行各项规章制度和流程。

（七）技术革新原则

在快速发展的信息时代，技术革新原则对图书馆管理具有举足轻重的意义。这一原则强调图书馆应不断追踪和应用最新的技术成果，以推动图书馆服务的创新和发展。

第一，技术革新原则要求图书馆积极引入新技术，如人工智能、大数据、云计算等，以改善图书馆的管理和服务模式。通过技术的应用，图书馆可以实现资源的智能化检索、个性化推荐、自动化管理等功能，提高服务效率和用户体验。

第二，技术革新原则鼓励图书馆在数字化方面进行探索和实践。图书馆应加快馆藏资源的数字化进程，建立数字资源库，为用户提供更加便捷、丰富的数字资源服务。同时，图书馆还应加强与其他信息机构的合作，共同开发数字资源，实现资源共享和互利共赢。

第三，技术革新原则还要求图书馆加强对员工的技术培训和教育。随着技术的不断发展，图书馆员工需要不断更新知识和技能，以适应新的工作需求。因此，图书馆应定期组织技术培训和交流活动，提高员工的技术水平和应用能力。

（八）知识产权保护原则

知识产权保护原则，强调图书馆在管理和服务过程中，应严格遵守知识产权法律法规，保护知识产权人的合法权益，促进知识产权的创造、传播和利用。

第一，知识产权保护原则要求图书馆在采集、整理、传播信息资源时，应尊重知识产权人的权益，确保信息的合法性和合规性。图书馆在采购图书、期刊、数据库等资源时，选择正规渠道和合法供应商，避免侵权行为的发生。

第二，知识产权保护原则鼓励图书馆加强知识产权的宣传和教育。图书馆可以通过举办讲座、展览、宣传册等方式，向用户普及知识产权知识，提高用户的知识产权保护意识。同时，图书馆还应加强对员工的培训和教育，提高员工的知识产权保护意识和能力。

第三，知识产权保护原则还要求图书馆建立有效的知识产权管理机制。图书馆应制定明确的知识产权保护政策和规定，明确图书馆在管理和服务过程中应遵守的知识产权法律法规。同时，图书馆还应建立知识产权纠纷处理机制，及时解决知识产权纠纷，维护知识产权人的合法权益。

（九）社会责任原则

社会责任原则强调图书馆作为社会公共服务机构，应积极履行社会责任，为社会发展和进步做出贡献。

第一，社会责任原则要求图书馆致力于提供公益性的信息服务。图书馆应坚持免费或低收费的原则，为公众提供优质的图书借阅、参考咨询、知识讲座等服务，满足公众的文化需求。

第二，社会责任原则鼓励图书馆参与社会公益事业。图书馆可以积极参与社区建设、教育普及、文化传承等活动，为社会公益事业贡献自己的力量。通过参与这些活动，图书馆可以加强与社会的联系和互动，提升自身的社会影响力和认同感。

第三，社会责任原则还要求图书馆关注弱势群体的需求。图书馆应关注老年人、儿童、残疾人等弱势群体的文化需求，为他们提供针对性的服务，如提供大字版图书、无障碍设施、阅读辅导等。通过关注弱势群体的需求，图书馆可以体现人文关怀和社会责任感。

二、图书馆管理的原理

原理是指某种客观事物的实质及其运动的基本规律。图书馆管理原理是对图书馆管理工作的实质内容进行科学分析总结后而形成的，是图书馆管理活动的抽象，是对图书馆各项管理制度和管理方法的高度综合与概括，因而对一切图书馆管理活动具有普遍的指导意义。

（一）系统原理

系统是由相互作用和相互依赖的若干组成部分结合成的具有特定功能的有机整体。一个具体的系统必须具备三个条件：①系统必须由两个以上的要素（元素、部分或环节）所组成；②要素与要素、要素与整体、整体与环境之间存在着相互作用和相互联系；③系统整体具有确定的功能。这三个条件缺一不可，否则就不能构成一个具体的系统。

1. 系统整体性原理

任何社会组织都是由人、财、物和信息组成的系统，系统原理不仅为认识图书馆管理的本质提供新的视角，图书馆管理的系统原理是指图书馆管理应当建立一个完整的管理体系，包括规划、组织、协调、控制等方面的工作。这个原理强调图书馆管理是一个系统性的过程，需要统筹各个环节，使其相互协调、相互配合，以达到有效的管理目标。

系统整体性原理对图书馆管理工作具有重要的指导意义：①根据图书馆管理目标，把管理要素组成为一个有机的系统。图书馆管理的目的就在于把图书馆中诸要素的功能统一起来，从总体上予以放大。在这个意义上说，图书馆管理是一门把图书馆中的各种要素或各个部分协调起来，使之达到某种组织目标的学问。②把不断提高要素的功能作为改善图书馆系统整体功能的基础。由于组成图书馆系统的要素是决定其整体功能状况的最基本的条件，因此改善图书馆系统的整体功能一般应从提高其组成要素的基本素质入手。图书馆系统作为一个整体，一般由采访、分编、典藏、流通等部门或环节组成。任何一个部门或环节的功能素质不健全或相对削弱，都会在一定程度上影响图书馆的整体效应。因此，必须按照图书馆整体目标的要求，不断提高各个部门特别是关键部门或薄弱部门的功能素质，并强调局部服从整体、保证整体，以保证图书馆系统最佳的整体功能。③保持图书馆系统要素的合理组合。系统整体性原理告诉我们，整体功能不守恒的实质在于结构是否合理。因此，改善和提高图书馆系统的整体功能，不仅要注重发挥每个要素的功能，更重要的是调整要素的组织形式，建立合理的结构，从而使图书馆系统整体功能优化。

2. 系统动态性原理

系统的动态性取决于系统的相关性，是指系统的要素之间、要素与系统整体之间、系统与环境之间的有机关联性。它们之间相互制约、相互影响、相互作用，存在着不可分割的有机联系。动态相关性原理对实际的图书馆管理工作具有重要的指导意义：

（1）任何一个要素在图书馆系统中的存在和有效运行都与其他要素相关。图书馆系统中某个要素发生变化，就会引起其他相关要素的相应变化。因此，在图书馆管理实践中，当我们想要改变某些不合要求的要素时，必须注意考察与之相关要素的影响，使这些相关要素得以相应地变化。图书馆系统中各要素发展变化的同步性可以使各要素之间相互匹配，从而增强协同效应以提高图书馆系统的整体功能。

（2）图书馆系统内部诸要素之间的相关性不是静态的，而是动态的。要素之间的相关作用是随时间变化的，由此决定了系统整体的性质和状态也是不断发展变化的。因此，必须把图书馆系统视为动态系统，在动态中认识和把握其整体性，在动态中协调部分与部分、部分与整体的关系。图书馆管理的过程，实质就是把握藏书、馆员、读者、经费、设备等要素的运动变化特点，然后有针对性地进行调节和控制，最终实现图书馆管理的最佳目标。

（3）图书馆系统的整体功能存在于图书馆与环境的相关性之中。如果说要素之间的相关性形成系统的结构联系，使系统成为具有一定结构的整体，那么系统与环境的相关性则形成系统的功能联系，使系统具有某种整体功能。系统一定的整体功能，表明系统与环境必须按照一定的规律进行物质、能量和信息的交换，才能保持系统整体的性质，产生一定的整体效应。因此，一定要在图书馆系统和环境的相互联系和相互作用中认识和改善图书馆系统。

3. 系统层次等级性原理

系统本身是高一级系统的组成要素。这种系统要素的等级划分，就是系统的层次等级性。层次等级性原理的基本内容有：①层次等级结构是物质普遍的存在方式；②处于不同层次等级的系统具有不同的结构，亦具有不同的功能；③不同层次等级的系统之间相互联系、相互制约，处于辩证的统一之中。系统层次等级性原理对图书馆管理工作具有重要的指导意义：

（1）系统层次等级性原理可以指导人们合理设置图书馆管理层次。管理组织系统划分层次等级的主要原因在于管理对象的复杂性与管理者个人能力的有限性之间的矛盾。尽管今天的管理者比以往的管理者在能力和手段上有了普遍提高，但今天的管理对象要比以往复杂得多。管理对象的复杂化，使管理组织系统的规模日益增加。对于规模较大的图书馆系统来说，合理划分管理层次，建立等级结构，可以削弱系统规模和对象复杂性之间的联系，缓解管理对象复杂性和管理者能力之间的矛盾。这是因为，把一个较大的管理组织系统划分为不同的层次等级，按照层次等级进行分级管理，可以使处在不同层次的管理者所直接联系的人数（包括上级和下级）大体相当，从而使他们的管理能力和管理对象相适应。

（2）系统层次等级性原理可以指导人们科学地分解图书馆目标。图书馆系统的层次等级是科学分解目标的组织基础。一个图书馆系统总是要根据自身的基本任务、上级的指令、当前的状况、发展的需要和各种内外条件来确定系统的总体目标，然后按照图书馆系统的层次等级将总目标分解为不同层次、不同部门的分目标。分目标要保证总目标，总目标指导分目标，从而形成前后衔接、上下贯通的目标体系。这样建立起来的目标体系，在组织上能使目标由上而下层层具体、层层落实，由下而上层层负责，层层保证；在内容上既能明确本级系统的基本任务，又能反映分目标和总目标的关系，便于处理局部和整体的矛盾。在明确每一管理层次、每个部门以至每个人的目标责任的基础上，授予相应的权力，进而建立起目标责权体系，使整个图书馆管理工作走上系统管理的轨道。

（3）图书馆系统中的每一层级所处的地位不同，因而性质和功能也不同。每一个管理者都有自己相应的管理层次，处于不同层次的管理者各有不同的目标责任和要求。一般来说，同一层次各子系统的横向联系应由他们之间全权处理，只有在出现不协调或发生矛盾时才提交上一层次的系统来解决。上一层次系统的任务有两个：①根据本系统的目标向下一层次发出指令，并检查监督指令执行的结果；②解决下一层次中各子系统之间的不协调或相互之间的矛盾。当每一层次的任务明确以后，各层次的分系统均须围绕着本层次的中心任务开展工作并通力协作，上一层次一般不宜干预下一层次的工作，这样就形成有序的层级管理。

4. 系统有序性原理

系统的有序性是指构成系统的诸要素通过相互作用，在时间和空间上按一定秩序组合和排列，由此而形成一定的结构，决定系统的特定功能。系统的有序性标志着系统的结构实现系统功能的程度。因此，系统有序性原理的实质在于揭示系统的结构和功能的关系。系统有序性原理的基本内容有：①任何系统都有特定的结构。结构合理，系统的有序度高，功能就好；反之，结构不合理，系统的有序度低，功能就差。②系统由低级结构转变为较高级的结构，即趋向有序；反之，系统由高级结构转变为较低级的结构，即趋向无序。③任何系统必须保持开放性，才能使系统产生并且维持有序结构。

系统有序性原理对图书馆管理工作的指导意义表现在：

（1）掌握系统有序性原理，有助于深入理解图书馆系统对外开放和对内搞活政策。任何图书馆系统都应该是一种具有活力的耗散结构系统。耗散结构系统的存在和发展必须具备两个条件：①对外开放；②内部要有活力。只有对外保持图书馆系统的开放性，才能从外部环境中吸收负熵流，以抵消内部的熵增，使图书馆系统处于非平衡态或远离平衡态，即造成图书馆系统向有序发展的外部条件。对内要有活力，就是要保持图书馆系统内部的非平衡态。这是因为，一个图书馆系统如果处于无差异的平衡状态，就意味着其内部不存在势能差。图书馆管理体制改革之所以要打破"平均主义"和"大锅饭"，引进竞争机制，目的就是设法增大图书馆系统内部的势能差，形成非平衡态。

（2）掌握系统有序性原理，有助于提高图书馆管理的有序度。要提高图书馆管理的有序度，必须科学地安排图书馆系统诸要素的秩序，使之协调匹配，以减少内耗而求得统一的整体功能。为此，主要应使以下三方面有序：首先是目标体系有序；其次是目标实施过程有序；最后是组织系统有序。

（二）人本原理

人本，是以人为根本。图书馆管理的人本原理是指图书馆管理应当以人为本，关注和尊重读者、员工和其他利益相关者的需求和权益。这个原理强调图书馆管理应当注重人的因素，包括提供满足读者需求的服务、关注员工的培养和发展，以及与利益相关者进行有效的沟通与合作。图书馆管理的人本原理强调将用户置于服务的中心，关注用户的满意度和需求，通过提供高质量的图书馆资源和服务来满足用户的知识需求。在图书馆管理的人本原理下，图书馆不仅仅是一个资源仓库，更是一个与用户互动、支持学习和文化交流的场所。

第一，人本原理强调用户导向。图书馆的存在是为了满足用户的需求和期望。图书馆管理者应该密切关注用户的意见和反馈，通过调研和用户参与，了解用户的需求和偏好，以便更好地规划和提供相关服务。图书馆应该根据用户的需求收集、整理和提供适合的图书馆资源，包括书籍、期刊、多媒体资料和电子资源等，以满足用户的学习、研究和娱乐需求。

第二，人本原理注重员工的发展和参与。员工是图书馆运作的重要组成部分，他们的专业知识和服务态度对于图书馆的运行至关重要。图书馆管理者应该关注员工的职业发展，提供培训和学习机会，使他们不断提升自己的专业能力。此外，员工应该被鼓励参与图书馆的决策过程，使其在图书馆事务中发挥更大的作用，从而提高整个图书馆的效能。

第三，人本原理强调创造适宜的环境。图书馆应该提供一个安静、舒适和友好的环境，以促进学习和研究。管理者应该关注图书馆的布局和设施，确保图书馆空间的合理利用和资源的充分利用。此外，图书馆还应该鼓励合作和互动，提供适当的社交空间，以满足用户的交流和合作需求。

第四，人本原理强调持续改进和评估。图书馆管理者应该建立有效的反馈机制，定期评估图书馆的服务质量和用户满意度，以及员工的表现。通过持续改进和创新，图书馆可以更好地适应用户的需求和变化的环境。

综上所述，图书馆管理的人本原理是一个以用户为中心的管理理念，注重用户导向、员工发展和参与、创造适宜的环境以及持续改进和评估。通过遵循这一原理，图书馆能够更好地满足用户的知识需求，提供优质的图书馆资源和服务，成为一个支持学习、研究和文化交流的重要场所。

(三) 能级原理

"能级原理是根据每一个人的不同能量，建立不同的管理规范和标准体系，以实现管理的目的和高效率。"[①] 图书馆管理的能级原理是指图书馆管理应当根据不同的管理层次，确定相应的职责和权限。这个原理强调图书馆管理应当根据各级管理者的不同职能和责任，进行有效的任务划分和工作分配，确保各级管理者能够履行其应尽的管理职责。

第一，能级原理强调资源的分级与分类。图书馆的资源包括书籍、期刊、多媒体资料和电子资源等。根据资源的类型、重要性和需求程度，将其分为不同的级别或分类。这样可以更好地管理和组织资源，使用户能够快速找到所需的信息，提高检索效率和用户满意度。

第二，能级原理关注服务的分层与个性化。图书馆应根据用户的不同需求和特点，提供个性化的服务。根据用户的学术水平、兴趣爱好、研究领域等因素，将服务划分为不同的层次或类型。例如，对于初学者，可以提供基础的图书馆导航和信息素养培训；对于研究生和学者，可以提供专门的研究支持和学术咨询服务。通过个性化的服务，图书馆能够更好地满足用户的需求，提供针对性的帮助和支持。

第三，能级原理注重管理的分层与协调。图书馆的管理涉及资源采购、人员安排、预算控制等方面。根据不同的能级或层次，将管理职责分配给相应的管理人员，确保各个层级之间的协调和合作。管理人员应具备良好的沟通和协调能力，以确保资源的合理配置和使用，提高工作效率和管理效能。

第四，能级原理强调评估和持续改进。在图书馆管理的过程中，应建立有效的评估机制，对各个能级的资源、服务和管理进行定期评估和反馈。通过评估结果，可以发现问题、改进不足，并采取相应的措施进行改进。持续改进是能级原理的重要组成部分，它确保图书馆的管理和服务始终能够适应用户需求的变化和发展。

---

① 岳磊. 试述能级原理在图书馆管理中的运用 [J]. 内蒙古科技与经济, 2010 (05): 144.

（四）动力原理

图书馆管理的动力原理是指图书馆管理应当通过激励和激发员工的积极性和创造性，推动图书馆事业的发展。这个原理强调图书馆管理应当采取适当的激励措施，包括薪酬激励、培训发展机会等，以及营造良好的工作环境和氛围，激发员工的工作动力和创新能力。激发图书馆系统的高效能，推动图书馆管理行为高速做功并趋向图书馆整体目标，最基本的动力是物质动力、精神动力和信息动力。

第一，物质动力。图书馆管理的物质动力，是指通过一定的物质手段，推动图书馆管理活动向特定方向——最有效地满足读者的知识信息需求运动的力量。对物质利益追求而勃发出来的力量是支配人们一切活动的最初和最后的原因，因而对图书馆人的物质激励是开发人员要素功能促其加速做功的最原始、最基本和最重要的手段。

第二，精神动力。它既包括世界观、人生观和价值观，也包括精神鼓励（如奖状、信任、关心、先进称号等），还包括日常的思想工作。精神动力作为一种推动图书馆管理活动趋向优化目标的重要力量，已被越来越多的人认识。这是因为，作为推动图书馆管理活动的精神力量，一方面它依赖于物质力量，并以物质动力作为其存在和发挥作用的前提；另一方面，若精神动力的质量好、目标取向正确而又发挥得当的话，则会对物质动力产生巨大的反作用。它不仅能够影响并制约物质动力的方向，决定物质动力发挥的速度、范围、持久性等，而且一旦它转化成每个人员要素的内心信念，就会对个体要素的行为产生深远而持久的影响。所有这些都是精神动力的独特作用之所在。值得一提的是，日常思想工作也是精神动力的一项重要内容。

第三，信息动力。图书馆管理的本质，从某种意义上讲，就是一个信息输入、存储、加工和输出的活动过程。信息作为动力，同其他动力一样，从特定的角度、以特定的方式推动着图书馆管理活动趋向特定的目标。信息量在迅速增加，而科学知识的老化周期则日益缩短。这种信息——知识的反向运动及其趋势对图书馆管理提出特殊的要求。一个图书馆系统，为了维持自身的存在和发展，不仅要积极主动地输入、处理和输出各种信息，而且应不断地加大有效信息的输入和输出功率，这样才能立足于先进管理之列。图书馆的生存前提，既取决于它的信息加工能力和信息更新周期，也取决于它在向外部环境提供信息质量和数量的基础上所获得的用户市场。当然，在图书馆管理活动中，既要正确区分有用信息、无益信息和有害信息，又要注意保持信息量的度。

（五）效益原理

效益是管理的永恒主题。任何组织的管理都是为了获得某种效益。效益的高低直接影响着组织的生存和发展，图书馆管理自然也不例外。

第一，生产方式。图书馆管理效益是由生产方式决定的，一个高效的生产方式可以提高图书馆的管理效益。首先，图书馆应当建立科学的图书采购和选编机制，确保馆藏图书的质量和数量的合理配置；其次，图书馆应当建立高效的图书分类和编目系统，使读者可以快速、准确地找到所需图书；最后，图书馆应当加强信息技术的应用，提供在线借阅、还书等便利服务，提高图书馆的自动化程度。通过这些生产方式的改进，可以提高图书馆的工作效率和管理效益。

第二，管理者。管理者是管理主体，在图书馆管理活动中居于支配地位，起核心作用。管理者是图书馆管理效益的关键因素之一。管理者应当具备专业的图书馆管理知识和技能，能够有效地组织和指导图书馆的工作。他们应当具备良好的沟通能力和团队合作精神，能够与馆内各个部门和馆外的读者进行有效的沟通和合作。此外，管理者还应当具备创新意识，能够不断引入新的管理理念和方法，提升图书馆的管理水平和效益。

第三，管理对象。管理对象是指图书馆的用户群体，包括读者和馆藏资源。图书馆的管理效益取决于对这些管理对象的有效管理。针对读者，图书馆应当提供个性化的服务，满足不同读者的需求。例如，通过读者问卷调查和统计分析，了解读者的阅读偏好和需求，提供相应的图书推荐和阅读活动。此外，图书馆还应当加强对馆藏资源的管理，包括图书的采购、编目、借阅和维护等方面，确保图书的有效利用和保护，提高馆藏资源的使用效益。

第四，管理环境。管理环境是指图书馆的外部环境和内部环境。图书馆的管理效益受到环境的影响。外部环境包括政策法规、经济状况、社会文化等方面的因素。图书馆应当密切关注这些因素的变化，并及时调整管理策略，以适应环境变化带来的挑战和机遇。内部环境包括组织结构、人员素质、设施设备等方面的因素。图书馆应当建立良好的组织结构，明确各个部门的职责和权责，提高工作效率和协同作用。同时，图书馆还应当注重培养员工的专业素质和工作技能，提供良好的培训和发展机会。此外，图书馆的设施设备应当配备齐全、先进，以提供良好的阅读和学习环境。

第三节　图书馆管理的组织与控制

一、图书馆管理的组织

组织是管理的基本职能，也是任何一项管理活动的主要形式，是实现各种管理目标的重要保障。图书馆组织是图书馆系统内部的结构模式，是图书馆管理的重要内容之一。

（一）图书馆组织的含义

图书馆组织是指以最大限度满足社会文献信息资源需求为目标而对图书馆资源进行合理的设计与职能分配，并按一定规则和排列程序组合成并协调运行的有机系统。它既反映图书馆社会实体的形成，同时也体现对图书馆实体的管理行为、管理活动和管理过程。由此可见，图书馆组织的特定内涵是对图书馆资源的合理设计、分配、排列与组合，形成一个稳定的、能够根据环境的变化而不断调整行为目标的组织系统。

图书馆组织是实现科学管理的基本职能，也是图书馆管理的主要对象。人们通过这个特定的组织行为建立图书馆工作关系架构，并协调和刺激图书馆组织内的成员为实现整体目标而开展指定的活动，履行各自的职、权、责，相互协调、合作，为实现系统的目标，完成系统的计划而努力。

图书馆组织的职能体现在以下五方面：①构建图书馆工作关系架构，使图书馆各组成部分形成有机的不可分割的整体；②合理组织图书馆各项活动，使之具有一定的功能和作用；③明确授予图书馆各级管理人员一定的权限，充分调动管理人员的工作积极性；④强化图书馆管理信息的传递与沟通，建立图书馆系统内的层级关系和联系；⑤建立和健全图书馆组织的管理体制，执行、协调、监督图书馆管理活动的运行。

（二）图书馆的组织形式

图书馆同任何社会组织一样，只有运转才能发挥作用，才能充满活力、生机勃勃。在图书馆的运转过程中，为了保证图书馆既定目标的实现，就必须运用各种组织方式处理管理活动中的各种关系，并进行图书馆资源的合理配置，以保证图书馆整体活动的正常运行，因此，图书馆管理的组织形式就成为管理活动的具体表现。采用不同的组织形式，就会产生不同的组织运转过程。就目前图书馆的运行模式和组织形式而言，通常采用的组织形式主要有直线式、职能式、直线职能式和合作式等。

1. 直线式组织形式

直线式组织形式，又称单线式职权形式，或军队式职权形式。它是指将社会实体中的各种职位按垂直的管理系统进行直线排列，以形成自上而下的管理与运行体系。例如，图书馆馆长对副馆长有直线职权，副馆长对部门主任有直线职权，由上而下形成一条权力线，指挥统一。但是，由于这种组织形式没有具体的职能机构作为辅助管理的手段，容易形成管理权力的高度集中，从而导致在复杂的管理活动中不能有效控制下属行为的问题出现，造成不利于沟通和交流的现象。所以，这种组织形式通常只适合规模较小的图书馆。

2. 职能式组织形式

职能式组织形式，又称多线式组织形式，它是直线式组织形式的一种补充。它是指在图书馆管理过程中，各级行政领导都设有相应的职能机构，各个职能机构在自己的业务范围内有权直接指挥下级单位。因此，各级行政领导人员除了服从上级行政领导外，还要服从上级各个职能机构的指挥。这种类型的组织形式适用于业务技术复杂、管理分工细致、规模较大的图书馆。但是，它也存在一定的不足，这种形式常常会造成图书馆管理中的多头领导现象，从而妨碍图书馆组织的必要的集中领导和统一指挥，造成组织管理上的混乱。

3. 直线职能式组织形式

直线职能式组织形式是上述两种形式的融合，是将图书馆管理人员分为指挥型管理人员和职能型管理人员两类，指挥型管理人员有权力对下级发布命令，组成图书馆组织结构中的"命令链"；职能型管理人员凭借自己的专业知识和工作经验，向上级领导提出专业管理的建议，也可以向下级机构进行业务的指导。这样的组织形式便于在组织内充分发挥职能部门的参与作用，减轻上级领导的工作负担，为图书馆的指挥人员正确决策提供依据，从而实现图书馆管理活动的统一指挥，统一行动，使得图书馆的专业化管理更为细致。

4. 合作式组织形式

合作式组织形式是一种创新型图书馆管理模式，它突破传统垂直管理框架，强调图书馆间的契约合作关系。该形式依据各成员馆签订的合作协议，明确各自的权利、责任与义务，确立组织关系，以共享利益实现整体目标。合作式图书馆组织形式以契约为基础，无上下级之分，强调跨组织合作，注重不同系统、类型图书馆间的分工与协作，实现优势互补，以达成图书馆建设整体目标。

合作式组织形式赋予图书馆管理高度灵活性，允许组织成员在职责范围内自主行事，激发积极性。其主要表现为图书馆联盟，旨在实现文献信息资源的共建共享。合作式图书馆组织形式的形成原因有两点：一是共享图书馆收藏的文献信息资源；二是信息技术发展引发社会信息用户新需求和新的信息利用空间。

相较于传统图书馆组织形式，合作式图书馆组织形式具有反应迅速、机动灵活的优点，合作范围更广泛。它有助于降低文献信息资源收藏成本，提供图书馆间的文献传递服务，以及及时发现和解决信息技术发展带来的问题，如文献知识产权保护、电子文献出版与利用等。通过合作，图书馆还能提升服务能力和竞争力。

5. 扁平化的组织结构

组织扁平化，是指以管理信息的运行作为主轴和中心结构，将原来的管理层次缩减或压缩，把中间管理幅度加宽，职能加以扩展，允许内部组合多样化。扁平化组织结构的目的在于调动各层级管理人员、作业人员的主动性和创造性，对环境反应敏捷，使决策迅速。扁平化组织结构的特点是：组织结构层次少；信息获取、传递和运用都十分方便快捷；中间层管理幅度大，可以进行信息传递；决策权向组织机构下层移动，扩大员工共同参与组织工作的机会。

信息技术的应用实现图书馆工作流程的自动化，它可以集成许多等级部门的功能，从而缩短信息流转的周期。对于管理者而言，信息技术的应用，一方面在很大程度上提高管理控制幅度，另一方面削减了中间管理层的决策作用。与此同时，金字塔式的等级制组织结构的弊端也日益显露，传统图书馆的等级管理结构将变得不仅无法使工作人员满意，还存在功能性方面的障碍。图书馆应当寻求一种平衡机制，充分考虑各种任务的提出、宣传和实施，并通过提高个人的责任感，以达到它的战略目标。扁平化组织结构的产生，将提高图书馆对周围环境的反应能力与应对变化的效率。

6. 矩阵式组织结构

矩阵式组织结构是借用数学中矩阵概念进行图书馆组织的一种方式。它是在直线式组织形式和直线职能式组织形式的垂直管理基础上，强化图书馆组织的横向领导关系，使纵向的指挥与横向的领导相结合，注重计划与目标的结合，部门与项目的结合，从而形成纵横交错的组织管理构架。

矩阵式图书馆组织结构是由图书馆管理的两套系统所组成，一套是建立图书馆管理的职能管理系统，一套是图书馆活动中各项任务之间项目管理系统，它打破图书馆组织中统一指挥的传统原则与方式，具有职权的平衡对等性，在新技术条件下的图书馆管理活动中能够协调和平衡任务与部门之间的关系，适应图书馆组织目标和信息资源与服务活动的多重要求，是一种较为理想的图书馆组织结构形式。矩阵式最大的特点在于其具有双重命令系统，小组成员既要接受职能部门管理者的直接领导，又要服从临时项目小组负责人的指挥。

第一，适应新技术的发展，针对社会的需求，体现以用户为中心的思想。在原有职能部门的基础上，解决一般组织形式横向关系脆弱的弊病使新的职能部门能够将工作重点放在向用户提供优质的信息服务上。

第二，有利于不同职能部门之间的协调和信息沟通，加强部门间的横向联系。在临时项目小组中，来自不同部门的成员在完成项目的同时进行全方位交流，集中各种专业知识和技能，迅速完成任务。这种方式提高管理组织的灵活性，增加小组成员对各个部门的了解和配合。这样，可以改变传统金字塔形图书馆组织结构中部门沟通闭塞的缺点，加强部门之间的联系与协作。

第三，较好地解决组织结构相对稳定和管理任务相对多变之间的矛盾。其适应性强，可根据外部环境变化灵活调整资源分配和任务分配，实现各部门协同合作，提高运作效率。该结构还有利于提高管理效率，优化资源配置，加快决策速度。同时，它激发员工潜能，促进专业成长与跨部门学习，增强创新能力。此外，该结构有助于强化图书馆文化建设，培养共同价值观，提升凝聚力和向心力，为长期发展奠定坚实的基础。

新技术的发展与应用同时也给图书馆带来相当大的冲击。图书馆需要相对稳定的组织结构，以保证常规业务顺利开展。临时项目小组的成立就有利于应对突发事件。当然，矩阵式组织结构也存在不足，纵向系统和横向系统同时存在，如果不注意职责权限上的划分，容易引起指挥上的混乱，造成多头领导的局面。

（三）图书馆组织的再造

再生工程是从深层次开始进行的全新的再设计，即重新思考工作流程，将人力分配与业务流程彻底翻新。图书馆组织再造是指图书馆为了适应内外部环境的变化，特别是信息技术的快速发展和社会需求的变化，而对图书馆的组织结构、管理模式、服务方式等进行根本性的变革和创新。这图书馆组织再造不仅旨在提高服务效率、满足用户需求、提升管理水平和组织适应能力，而且有助于图书馆在竞争激烈的信息环境中脱颖而出。

图书馆组织再造的动因主要包括用户信息需求的变化、新的信息环境的影响、知识经济的兴起以及馆员知识储备的变化等方面。随着科学技术的不断发展，用户对文献信息的需求从大众化向专业化、精细化转变。图书馆需要根据用户需求进行针对性的服务和资源整合，以满足用户在知识经济时代的高品质信息需求。

在进行图书馆组织再造时，应遵循以下原则：以用户的需求为出发点、以提高服务质量为目标、实现资源效益最大化。这意味着图书馆组织结构的调整应以用户需求为导向，以提升服务质量为最终目标。同时，图书馆还要考虑到资源的有效利用和最大化效益，从而实现图书馆可持续发展。

在实际操作中，图书馆组织再造涉及多个层面，包括业务流程的重组、组织结构的扁平化、服务模式的创新等。例如，一些图书馆通过业务流程重组，将传统的"文献流"转变为"服务流"，以此为基础进行组织机构的变革。此外，图书馆还需要考虑如何利用新技术，如数字化、网络化等，来提升服务能力和管理效率。

图书馆加强馆员培训，提高馆员综合素质，培养具有创新精神和实践能力的馆员队伍。同时，图书馆还须关注国内外图书馆组织再造的成功案例，借鉴先进经验，结合自身实际情况进行改革。

二、图书馆管理的控制

图书馆控制是指对图书馆各项管理活动在执行过程中的行为监督和约束。每个图书馆都会有各种管理制度和管理方法，来确保组织内所有人员按照预定措施实现图书馆的方针目标。控制的目的在于指出错误，从而改正错误，并避免错误的再度发生。控制在图书馆的管理体制中占据核心地位，甚至比组织结构更加重要。

（一）图书馆控制的重要性

通过控制，既可检验各项工作是否按预定计划进行，以及计划的正确性和合理性，又可调整行动或计划，使两者协调一致，从而确保图书馆有效运行。控制的重要性对于组织来说就是加大对组织为实现预定目标而进行的管理过程的管控力度。

第一，防范风险。现代社会是一个充满竞争的社会，图书馆更是面临着各种因服务、公共突发事件而引发的危机和挑战。对风险的管理是现代管理中最重要的方面。风险影响着图书馆生存和发展的能力，也影响其在提供同类服务或产品的机构中的竞争力及在社会用户中的声誉和形象。因此，图书馆管理者必须密切关注各层级的风险以及可能会出现的危机，并加以控制，才能保证其健康发展。

第二，确保图书馆战略目标的实现。目标的设定是管理过程的一个重要部分，虽然它不是图书馆控制的组成要素，但却使图书馆控制的要件控制不是某个事件或某种状况，而是图书馆运营服务过程的一部分，使运营服务过程发挥其应有的功能，保证图书馆战略目标的实现。

第三，监督管理执行过程。图书馆的领导模式和管理体制一般都强调管理职能的执行，而对其效果以及执行人的职责权限却少有监督。在图书馆控制中，监督的职能得到加强，包括图书馆设置机构的权限、图书馆管理者的权限、图书馆馆员的权限以及图书馆其他利益相关者的权限，都应得到明确的界定和监督。

（二）图书馆控制的内容

一般来说，图书馆控制的内容主要涉及人员、财务、作业、信息和图书馆的总体绩效等五方面。图书馆肩负着保存资源和为用户提供通向人类知识宝库通道的使命，为用户提供所需信息资源，并不断更新以满足用户对信息的需求，为用户提供空间促进信息被用户利用。由此看出，相对于企业和其他营利性组织而言，图书馆具备能动性、公益性，不单纯包括管理理论中理性的控制内容，而应该根据图书馆使命的不断调整，确定且控制的重点。图书馆管理者需要在以下两方面加强力度：

其一，馆藏资源的控制。馆藏资源作为图书馆增值和提供服务的基础条件，是图书馆的重要组成部分。图书馆资源的边界由馆藏资源内容限定，其功能也是由其所拥有的馆藏资源的数量和质量所决定的。因此，馆藏资源的特征发生变化必然会对图书馆工作产生影响。同时，图书馆馆藏资源的获得形式也因资源本身的形式发生巨大变化，包括购买、内部分配、租借、网络获取以及合作获取。图书馆管理者需要对馆藏资源进行严格、细致的控制，包括馆藏资源利用、获取的各种影响因素的协调以及用户的反馈。

其二，馆员的控制。图书馆是通过建设馆藏资源、使馆藏资源增值以及帮助用户开发和利用馆藏资源来为用户提供不断更新的信息和知识。馆员在图书馆各种服务和业务工作中占有核心地位，馆员的职业素养和服务能力决定着图书馆运营服务质量的优劣。因此，馆员控制的有效与否至关重要。随着图书馆事业的不断发展，以及馆员的人员构成、能力水平、自我认知的改变，图书馆对馆员的控制日益复杂并重要。

（三）图书馆的文化控制

文化控制依托于强大的组织文化，具有组织文化的导向、自律、凝聚、激励等一般功能。图书馆文化控制倾向于发挥图书馆文化建设的对内功能。文化建设对内需要行使塑造组织愿景、凝聚群体共识、规范和激励员工行为等功能，对外则要传播和维护图书馆形象，提高图书馆的知名度。从这个角度看，图书馆文化建设涵盖的范围更广，功能更全面。图书馆文化控制的方法如下：

第一，通过资深馆员转移和传播图书馆文化。图书馆的管理者会对图书馆文化产生重要影响。管理者的言行会引导下属的行为。如果管理人员说话可靠，并在表达方面前后一致，该团队的成员就会形成一致的期望。当这个一致意见也受到奖励时，明确的准则就形成了。因此，图书馆可以在分馆成立之初或者发展过程中，大量外派资深馆员。这些外派馆员往往在总馆工作多年，已经接受图书馆的价值观文化。

第二，对新馆员的文化要求和培养。由于文化控制强调组织传统的一贯性，所以文化控制更强调组织成员来源的相似性和可靠性。比如在选拔新馆员时倾向于选择与现有馆员有相似背景的员工，以此降低文化方面的培训成本。

第三，跨文化培训。跨文化培训是为了加强馆员对不同文化传统的反应和适应能力，促进不同文化背景个体间的沟通与理解，促使馆员对图书馆新文化的认同。其内容包括对双方现有文化差异的认识、对新图书馆文化的了解、馆员的文化敏感性训练、对跨文化沟通障碍及冲突的处理、跨地区环境的模拟等，通过相关知识的学习使馆员增加对图书馆服务模式和现行决策的理解，促进他们对新图书馆文化的认同。跨文化培训应采取多样化培训形式，如专题讲座、座谈会、演讲比赛、各种文化仪式等，同时应将常规培训与环境的潜移默化结合起来，将近期培训与远期培训结合起来。

第四，加强交流与沟通。除了正式沟通外，此处强调非正式沟通对实施文化控制的重要作用。图书馆应多利用会议、培训、聚会等形式，为各部门提供相互交流的机会，或是利用临时任务小组或永久性团队等增强各部门之间的相互了解与接触。

第五，建立相应的组织和规章制度。文化控制的实施离不开正式控制手段的协助。制度化是创建"执行文化"、将文化理念转化为馆员自觉行为的关键。所谓制度化就是把图书馆倡导的价值观转化为具有操作性的管理制度的过程，将价值观转化为制度。首先，图书馆价值观是管理制度创新的直接依据；其次，管理制度是审视价值观合理性的尺度。价值观与管理制度是一个问题的两个方面，价值观只有转化为管理制度才具有生命力，同时，任何管理制度都是在某种具体价值观指导下制定的，因而都有文化的内涵。馆员首先接受、认知图书馆的制度，然后产生情感，积极的情感产生积极的行动，积极的行动使制度管控变为文化自律。如果制度能够被馆员普遍认同，那么制度就内化为馆员的传统或文化。

第四节　图书馆管理的创新发展

创新是指以现有的思维模式提出有别于常规或常人思路的见解为导向，利用现有的知识和物质，在特定的环境中，本着理想化需要或为满足社会需求，而改进或创造新的事物、方法、元素、路径、环境等，并能获得一定有益效果的行为。图书馆管理创新，就是图书馆运用新的思想、技术和方法对传统图书馆的管理制度、管理理念及管理方法进行重新审视，对图书馆系统及组织、技术和服务等方面进行重新设计、选择、组织与评价，使得图书馆系统能够在新的时代发展中得到较大的发展和提升。在图书馆事业的创新发展过程中，管理工作的创新占据着核心地位，是最重要的创新活动。

一、图书馆管理创新的重要性

管理创新最初起源于企业领域，其核心在于对公司的流程、组织结构和文化进行重新设计和改造，以实现绩效的显著提升。如今，这一概念已扩展至行政管理、资源管理和科技管理等领域，其中"再造"仍为关键概念。管理创新不仅关注技术问题的解决，更注重资源的优化重组和系统的优化组合。图书馆管理创新即对图书馆系统或组织的流程、结构和文化进行根本性的重构，以实现整体最优。这种创新不仅涉及技术和服务的更新，还包括管理理念的转变、管理模式的更新、以人为本的理念体现以及激励机制的完善等。

第一，管理创新对于提升图书馆的服务质量和效率具有关键作用。通过优化业务流程、减少冗余环节，图书馆可以显著提高工作效率，为用户提供更加便捷、高效的服务体验。同时，创新的管理策略有助于增强图书馆的服务意识，使其更加关注用户需求与反馈，从而不断提升服务质量。

第二，管理创新有助于图书馆应对技术变革带来的挑战。随着信息技术的迅猛发展，图书馆面临着数字化、网络化、智能化等多重挑战。通过管理创新，图书馆可以紧跟时代步伐，充分利用新技术提升自身的管理水平和服务能力，从而在激烈的竞争中保持领先地位。

第三，管理创新对于增强图书馆的竞争力具有重要意义。在信息爆炸的时代背景下，图书馆面临着来自各种信息源的竞争压力。通过创新的管理策略和模式，图书馆可以形成独特的竞争优势，提升自身在信息服务领域的地位。这不仅有助于吸引更多用户，扩大影响力，还能提升图书馆在同类机构中的竞争力。

第四，管理创新也有助于满足用户多元化的需求。随着用户群体的日益多元化，他们的信息需求也呈现出多样化的趋势。通过管理创新，图书馆可以更好地了解用户需求，提供更加个性化、多样化的服务。这有助于提升用户满意度和忠诚度，为图书馆的长期发展奠定坚实的基础。

第五，管理创新是推动图书馆事业可持续发展的重要动力。通过不断创新管理策略和模式，图书馆可以不断适应外部环境的变化，保持与时俱进的发展态势。这有助于推动图书馆在人才培养、制度建设、文化建设等方面的全面进步，为图书馆事业的长期发展提供有力保障。

二、图书馆管理创新的体系构成

管理创新是图书馆发展和进步的核心动力。为了在激烈的市场竞争中保持优势，图书馆需要顺应时代的发展变化，树立发展意识和创新意识，重新审视传统管理模式，客观地认识其在应用中的优势和劣势，并对其进行必要的改革，逐步建立全新的管理运行机制。这样的创新将使图书馆事业更具发展潜力，能够紧跟社会发展趋势，为自身发展做出科学决策，制订合理的发展规划，满足未来阅读需求，为未来的发展和进步奠定坚实的基础。

在知识经济时代，新事物、新思想和新观念层出不穷。社会发展离不开先进的技术和高素质的人才，而创新是将人才和技术优势充分发挥出来的关键途径之一。因此，现代管理工作中的创新是社会发展的重要体现。

（一）图书馆管理理论创新

图书馆管理不仅是图书馆的一项活动，也是一门科学，具有自己的理论和内在的机理、规律。随着科技的发展和社会的进步，图书馆与社会的联系越来越广泛和密切，同时面临的技术环境和政治、经济、文化环境也充满不确定因素，使得图书馆管理日益成为一项复杂的系统工程。对于这样的复杂系统，仅仅依靠经验来管理是不够的，必须有理论的指导。

管理实践既是管理理论创新的源泉，也是检验管理理论创新的标准。对图书馆管理理论创新来说，这种引进是十分必要的。例如，图书馆如何根据现有资源和能力制订长远发展规划、创造并保持核心竞争力，需要进行战略管理；如何适应内外环境变化，建立高效灵活的组织结构和管理模式，提高管理效率，需要进行组织结构和业务流程的重组；为了更好地了解用户的信息需求，提供高水平的信息服务，图书馆需要开展全面质量管理；为了改善馆藏结构，促进馆藏资源的合理化和建立有效的资源保障体系，图书馆需要加强信息资源管理；为了图书馆的长远和可持续发展，图书馆需要制定人才发展战略，建立高素质的图书馆馆员队伍，进行人力资源管理；为了建立覆盖全社会的信息资源保障体系和图书馆服务体系，必须加强图书馆之间的合作，发展图书馆协作网络，实现信息资源共享，图书馆宏观管理成为重要课题。所有这些管理问题，都是经验无法解决的，也是传统理论难以解释和指导的，因此必须进行理论创新。

（二）图书馆管理实践创新

图书馆管理创新，从根本上说是一个实践的问题。先进的管理理论，也只有到管理实践中，才能验证其正确性，也才能产生现实的效益。

1. 管理理念创新

从"书本位"转向"人本位"，将以人为本的管理思想作为图书馆管理创新的核心理念，把人视为图书馆一切活动的主体、前提和动力，确定人在管理中的主导地位。在图书馆与读者的关系中，要以读者为中心，图书馆的各项规章制度和管理措施，都以方便读者、服务读者、满足读者的需求为宗旨，同时要吸收读者参与图书馆管理与决策，充分发挥读者在图书馆管理中的积极作用。在图书馆内部的管理中，要将员工视为图书馆宝贵的资源，紧紧围绕尊重人、关心人、培养人、激励人、开发人的潜能与调动每个员工的积极性、主动性和创造性开展管理活动，努力实现图书馆的绩效目标与员工个人发展目标的有机结合。

2. 管理模式创新

目前，国内大多数图书馆的管理模式，是一种金字塔式的组织形式，即自上而下，一级领导一级，形成垂直的指挥系统。这是一种结构化、固定型的单一管理模式。它建立在以分工为基础的职能制基础之上，部门的设置沿着文献管理的主线依次序划分来展开，是典型的工业社会科层制组织架构。这种单向直线形的管理模式，使得每个人只对自己的上级负责，部门之间缺乏交流，更与读者无法交流。图书馆的整体功能被人为划分的各部门职责所割裂，各部门人员只知道完成自己的一份工作，不关心图书馆整体功能的实现。业务流程被分割，所以虽然各个业务流程基本实现自动化，但由于是将信息技术应用在老流程，因而自动化并没有带来图书馆工作效率的提高。这种管理模式已经无法适应数字环境下图书馆发展的需要。创新图书馆管理模式已经势在必行。

近年来，图书馆界对管理模式创新进行不少探索，归纳图书馆管理的新管理模式如下：

（1）矩阵形（耦合）交叉管理模式。即在传统的按图书馆的职能或功能形成的部门基础上，辅之以按项目划分的小组，结合而成一种全新的组织结构管理模式。

（2）蛛网形项目管理模式。即按图书馆的功能实现（项目完成），将图书馆划分为若干项目小组，每个馆员可以承担多个项目，在多个项目中兼职，或主要负责，或辅助参与，项目之间相互交错、相互借鉴、相互补充，形成蛛网状工作关系。

（3）车轮形学科单元管理模式。即根据用户群的知识结构，按学科将图书馆划分为不同的学科单元小组，所有单元小组都围绕"用户"这一轴心运转，形成合力很强的车轮形。

（4）星形虚拟管理模式。即根据自身的功能需求，管理群体选择合适的合作伙伴，将图书馆部分工作外包给其他组织，代理完成。这些组织是从管理群体周围发射出去的虚拟组织，呈星形，故称星形虚拟管理模式。当然，这些模式的可行性还有待检验，但它的创新意义是毫无疑问的。

3. 管理机制创新

管理机制是管理模式正常运行的保证。管理模式的创新必然带来管理机制的创新。管理机制创新主要体现为：

（1）决策机制创新。传统的图书馆管理决策机制是自上而下的行政决策，在很大程度上取代了图书馆的自主决策，因而决策机制创新就是要建立图书馆的自主决策机制，改变由政府行政部门或图书馆的主管部门代替图书馆决策的现象。

（2）动力机制创新。包括完善激励机制，形成一套鼓励和约束相统一、权利和责任相一致、动力和压力平衡的激励体系，能充分调动员工的工作积极性，有效地激发员工的内在潜能；引进竞争机制，对重要的岗位或项目要竞争上岗，优胜者要能够优先得到晋升或奖励的机会；建立绩效评价机制，能够科学、准确评价员工的业绩和效能。

（3）信息机制创新。数字信息环境为信息传递与交流提供便捷的途径，图书馆信息交流机制的创新就是要建立一个完备的信息传递与交流网络，既有自上而下和自下而上的纵向信息传递，又有各部门之间的横向信息交流，还有图书馆与用户、政府、信息生产者、知识组织者、各类信息服务者、物流组织等外部信息的交流。

4. 管理手段创新

图书馆传统的管理手段是以刚性的规章制度为主。随着社会的进步和"人性"在馆员与用户意识中的重新苏醒，刚性管理往往难以达到预期的效果。于是柔性管理成为越来越多图书馆管理者选择的管理手段。

柔性管理尊重人格和个人尊严，使组织成员对组织产生向心力和凝聚力，自觉自愿地将自己的知识、思想、才能与工作相结合以人性修正制度；讲求管理软化，激发人的主观能动作用，通过调动成员的参与积极性使组织目标得以实现。图书馆的柔性管理以馆员技能、服务目标、图书馆战略为核心，重视图书馆馆员自身的作业，强调馆员的精神状态和专业素质，以充分调动馆员的主动性和创造性。柔性管理依靠人性解放、民主意识，通过激励、感召等方法，从内心深处来激发馆员的内在潜力和创造性，是"人本"管理的一种实践形式，也可以认为是管理手段的创新。

（三）图书馆管理评价创新

图书馆的办馆水平、效益以及社会对图书馆的满意度等方面，都需要通过评价来进行衡量和确定。因此，评价无疑是图书馆管理的重要组成部分。而图书馆管理评价的创新，主要体现在图书馆管理评价标准的突破与变革。

图书馆管理工作重心也需要发生转变，从侧重于馆舍设备、文献资料的管理转向关注读者和图书馆馆员的管理。这意味着图书馆要以人为本，提升用户满意度，满足用户需求，关注图书馆馆员的服务水平和质量，以实现图书馆与用户、图书馆与社会之间的和谐与协调。创新图书馆管理评价标准，应包括以下五方面：

第一，用户需求的满足程度。图书馆应关注用户需求，不断优化服务内容，提高服务质量，以满足用户的阅读和学习需求。

第二，用户对图书馆服务的评价。通过用户满意度调查等方式，了解用户对图书馆服务的真实评价，为改进服务提供依据。

第三，图书馆馆员的服务水平和质量。关注图书馆馆员的专业素养、服务态度和服务效果，激发图书馆馆员的工作积极性，提升整体服务水平。

第四，图书馆与用户的关系。图书馆应积极与用户沟通，了解用户需求，为用户提供个性化、精准化的服务，建立和谐的图书馆氛围。

第五，图书馆与社会的关系。图书馆应充分发挥社会教育职能，加强与社会的联系，为社会各界提供丰富多样的信息服务，实现图书馆资源的共享与共赢。

图书馆馆员的职业满意度与成就感。关注图书馆馆员的职业发展，提升图书馆馆员的职业满意度，激发工作热情，为图书馆的持续发展贡献力量。

三、图书馆管理创新的有效策略

第一，培育信息化人才。在信息技术飞速发展的今天，图书馆工作的信息化程度日益提高。因此，图书馆需要重视对信息化人才的培养和引进。这包括定期举办培训班，更新图书馆工作人员的信息技术知识，使他们能够熟练运用现代信息技术进行图书管理和用户服务。同时，图书馆应吸引具有信息技术背景的年轻专业人才，以促进图书馆在数字化、网络化方面的创新发展。

第二，建立多元化的服务模式。为满足不同用户的需求，图书馆应提供多样化的服务渠道。数字图书馆让读者可以随时随地访问电子资源；在线阅览室为远程用户提供实时参考咨询和文献传递服务。此外，图书馆还可以通过社交媒体平台宣传阅读活动，吸引更多的年轻用户。丰富的文化活动如作者见面会、主题讲座等，也能增加用户的参与度和满意度。

第三，加强图书馆协同合作。在资源共享和合作共赢的原则下，图书馆之间可以建立联盟，共享藏书资源、共建数字化平台。这种合作不仅能扩大每个图书馆的服务能力，还能提高整个图书馆系统的资源利用效率和经济效益。

第四，建立全面的管理体系。高效的图书馆管理离不开科学的管理体系。人员管理要注重人才培养与激励机制；财务管理需确保资金合理分配与使用；信息资源管理则要实现资源的优化配置和高效利用。一个全面的管理体系有助于提升图书馆的整体服务水平和管理效率。

第五，利用大数据推动服务创新。大数据分析技术可以帮助图书馆深入了解用户的借阅习惯、偏好及需求变化。通过对用户行为数据的分析，图书馆能够提供更加个性化的推荐服务，并优化资源配置。

第六，提升图书馆的社会影响力。图书馆应积极承担起推广阅读文化的责任，通过组织各类读书活动和文学交流，增强公众的阅读兴趣和文化素养。与其他教育机构、文化中心的合作，可以共同营造浓厚的社会文化氛围。

第七，加强用户参与和反馈。建立一个开放透明的用户参与机制，鼓励用户提出建议和评价，是提高服务质量的关键。图书馆可以通过问卷调查、用户论坛等形式收集用户意见，及时调整服务内容和方式。

第八，推动图书馆的可持续发展。在追求服务质量的同时，图书馆还须关注自身的可持续发展。这包括实施绿色采购政策，优先选择环保材料和设备；推行节能减排措施，如使用节能照明和推广电子书阅读器；以及保证服务的社会效益，例如为弱势群体提供特别支持和帮助。

第三章　图书馆资源的多元管理探究

◆ 第一节　传统纸质资源管理

一、传统纸质资源的重要性

第一，传统纸质资源具有不可替代的历史价值和文化意义。图书馆作为人类文明的宝库，保存大量的历史文献和珍贵书籍。这些纸质资源不仅记录了人类的知识和智慧，还承载着丰富的历史和文化信息。与电子资源相比，纸质资源更具有真实感和历史感，能够让人们更加直观地感受到历史和文化的沉淀。例如，古籍善本、手稿、信件等纸质资源，都是无法通过电子形式完全替代的。它们不仅具有学术研究价值，还具有艺术价值和收藏价值，是图书馆不可或缺的宝贵财富。

第二，传统纸质资源具有更好的阅读体验和学习效果。与电子屏幕相比，纸质书籍更适合长时间的阅读，不会产生眼睛疲劳和视力损害。同时，纸质书籍的排版和装帧也更加精美和个性化，能够给读者带来更好的审美体验。此外，纸质书籍的物理存在感和手感的舒适度，也是电子书籍无法比拟的。在学习和研究过程中，纸质书籍的便利性和实用性也更高。读者可以随时随地地翻阅、批注和摘录，更加方便地进行深度阅读和思考。

第三，传统纸质资源具有更高的稳定性和可靠性。与电子资源相比，纸质资源不易受到技术更新和设备故障的影响，更加稳定可靠。在数字化时代，电子资源的存储和传输面临着诸多风险和挑战，如数据丢失、病毒攻击、版权纠纷等。而纸质资源则相对安全，不易受到这些问题的困扰。此外，纸质资源的保存时间也更长，一些珍贵的历史文献和书籍，甚至可以保存数百年之久。这对于人类文明的传承和保护具有重要意义。

第四，传统纸质资源具有更强的社区凝聚力和教育功能。图书馆作为社区文化的重要组成部分，不仅提供知识和信息，还承担着培养公民素养和社会责任的任务。纸质资源作为图书馆的核心资源，能够吸引更多的读者前来阅读和学习，促进社区成员之间的交流和互动。图书馆举办的各种阅读活动和文化讲座，也往往以纸质书籍为基础，通过共同阅读和讨论，增强社区凝聚力和文化认同感。此外，图书馆还可以通过纸质资源开展各种教育活动，如儿童阅读推广、成人教育、终身学习等，为社区成员提供更多的学习和成长机会。

二、图书馆传统纸质资源管理体系

图书馆作为知识的宝库，承载着人类文明的传承与发扬。在数字资源日益普及的今天，传统纸质资源仍然占据着不可替代的地位。为了更好地管理和利用这些纸质资源，图书馆建立一套完整的纸质资源管理体系，包括收集、整理、修补、保存与保护等环节。

（一）传统纸质资源的收集

收集工作是图书馆纸质资源建设的基础。图书馆根据自身的办馆宗旨、服务对象和馆藏特色，有计划、有目的、有重点地开展纸质资源的采购。在收集过程中，图书馆注重文献的完整性、连续性和系统性，力求为读者提供全面、丰富的阅读资源。

1. 馆藏发展政策

图书馆制定馆藏发展政策，明确纸质资源的收藏范围、收藏标准和收藏策略。馆藏发展政策包括以下四方面：

（1）收藏原则：根据图书馆的办馆宗旨和定位，确定收藏原则，如学术性、实用性、特色性等。

（2）收藏范围：根据服务对象的需求，确定收藏范围，包括学科领域、文献类型、语种等。

（3）收藏级别：根据图书馆的实际情况，确定收藏级别，如国家级、省部级、地市级等。

（4）收藏策略：根据图书馆的经费、空间等条件，制定收藏策略，如优先收藏、选择性收藏、合作收藏等。

2. 资源采购渠道

图书馆通过多种渠道采购纸质资源，包括预订、现购、捐赠、交换等。图书馆与国内外出版社、书店、图书供应商等建立长期合作关系，确保纸质资源的质量和供应。

3. 馆藏评估与调整

图书馆定期对馆藏进行评估，了解馆藏结构、质量和利用情况，为资源采购和优化提供依据。馆藏评估包括以下三方面：

（1）馆藏结构是图书馆的基础，它关乎图书馆能否满足读者对不同学科、文献类型的需求。图书馆需要对馆藏结构进行深入分析，以此评估馆藏资源的合理性。这个过程包括分析各个学科、各类型文献的收藏比例，以及这些比例是否符合读者的需求。如果馆藏结构的分析结果不尽如人意，图书馆就需要针对性地进行调整，以优化馆藏结构，更好地满足读者需求。

（2）馆藏质量是图书馆的核心竞争力。在评估馆藏质量时，图书馆不能仅从学术价值这一个角度出发，而需要全面考虑学术价值、实用价值、特色价值等多方面。这样的评估方式能全面揭示馆藏资源的优劣，为提升馆藏质量提供明确的方向。图书馆可以根据评估结果，对馆藏资源进行优化和调整，使之更具学术价值、实用价值和特色价值，从而提升整体馆藏质量。

（3）馆藏利用是衡量图书馆服务效果的重要标准。图书馆应通过借阅数据、读者满意度等核心指标，深入了解馆藏的利用情况。这有助于图书馆了解读者的需求，进一步提高馆藏资源的利用效率。同时，通过对馆藏利用情况的分析，图书馆还可以发现潜在的问题，如馆藏资源是否符合读者需求、服务流程是否便捷等，进而采取措施改善服务质量，提高读者的满意度。

根据馆藏评估结果，图书馆调整馆藏发展政策，优化馆藏结构，提高馆藏质量和利用率。

(二) 传统纸质资源的整理

整理工作是图书馆纸质资源管理的重要环节。通过对纸质资源进行分类、编目、典藏等操作，使之有序、规范，便于读者检索和利用。

1. 分类与编目

图书馆根据国家或地区通用的分类法和编目规则，对纸质资源进行分类和编目。分类是将文献按照学科或主题进行归类，编目是对文献的题名、责任者、出版地、出版者、出版时间、载体形态、价格等信息进行著录。

2. 典藏与排架

图书馆将整理好的纸质资源进行典藏，分配到相应的阅览室或书库。排架是按照一定的顺序，将文献放置在书架上。图书馆采用不同的排架方式，如分类排架、字顺排架、年代排架等，以满足读者的检索需求。

3. 目录体系建设

图书馆建立目录体系，包括卡片目录、电子目录等，为读者提供多种检索途径。目录体系包括以下五个部分：

(1) 书名目录：书名目录，是目录体系中的基础部分。它按照文献的书名进行检索，帮助读者快速定位到特定主题或领域的著作。书名目录的编制要求图书馆工作人员对文献进行全面的整理和归纳，确保目录信息的准确性和完整性。

(2) 著者目录：著者目录，是按照文献的作者或编者进行检索的目录。它有助于读者查找特定作者的作品，或者了解某个领域专家的研究成果。在著者目录编制过程中，图书馆工作人员需要对作者姓名进行规范化和统一处理，以便检索。

(3) 分类目录：分类目录，是按照文献的学科分类进行检索的目录。它将文献分为各个学科领域，方便读者从宏观角度了解图书馆藏书的结构和分布。分类目录的编制应遵循一定的学科分类体系。

(4) 主题目录：主题目录，是按照文献的主题进行检索的目录。它关注文献的内容和性质，帮助读者找到与自己兴趣或需求相关的著作。主题目录的编制要求图书馆工作人员具有较强的主题分析和归纳能力，以确保目录信息的准确性和实用性。

（5）其他目录：其他目录，如期刊目录、古籍目录等也是目录体系的重要组成部分。期刊目录有助于读者跟踪学术动态和研究成果，而古籍目录则便于读者查阅和研究古代文献。这些目录的编制需要针对不同类型的文献特点进行处理，以提高检索效果。

（三）传统纸质资源的修补

纸质资源在长期使用过程中，容易出现破损、老化等现象。图书馆对破损的纸质资源进行修补，以延长其使用寿命，提高利用率。

第一，修补原则。图书馆遵循"修旧如旧"的原则，尽量保持文献的原貌。在修补过程中，注重文献的完整性和安全性，避免对文献造成二次损伤。

第二，修补方法。图书馆采用多种方法对纸质资源进行修补，如粘贴、加固、更换封面、重新装订等。针对不同类型的文献，采用不同的修补方法，以确保修补效果。

第三，修补材料。图书馆选用优质、环保的修补材料，如无酸纸、无酸胶水等，以降低文献的老化速度，提高文献的耐久性。

（四）传统纸质资源的保存与保护

为了确保纸质资源的安全和长期保存，图书馆采取一系列措施，包括防火、防水、防潮、防虫、防尘等。

第一，环境控制。图书馆对纸质资源的保存环境进行严格控制，保持适宜的温度、湿度和光照。此外，图书馆还定期对书库进行清洁，确保文献的卫生和安全。

第二，防护措施。图书馆采取多种防护措施，如安装防火、防水系统，使用防虫、防霉剂等，降低文献的损坏风险。

第三，数字化保存。图书馆对珍贵、稀有或濒危的纸质资源进行数字化处理，以另一种形式保存这些资源。数字化保存不仅可以降低原始纸质资源的使用频率，延长其寿命，还可以提高资源的利用率和共享程度。

第四，读者教育。图书馆加强对读者的教育，提高读者对纸质资源保护的意识。图书馆通过举办培训班、讲座、展览等形式，向读者传授纸质资源的正确使用方法和保护技巧。

第五，规章制度。图书馆制定完善的规章制度，规范纸质资源的管理和使用。规章制度包括阅览规则、借阅规则、赔偿规则等，以确保纸质资源的有序、高效和安全利用。

三、图书馆传统纸质资源的创新管理策略

（一）加强特色传统纸质资源的馆藏建设

第一，明确馆藏定位，形成特色馆藏。图书馆应根据自身的发展定位和服务对象，明确馆藏资源的建设方向，形成具有特色的馆藏体系。这要求图书馆在馆藏资源的选择上，既要注重全面性和系统性，又要突出专业性和独特性，以满足不同读者的需求。

第二，深入挖掘地方文献，丰富馆藏资源。地方文献，是图书馆特色馆藏的重要组成部分。图书馆应深入挖掘地方文献资源，通过收集、整理、编纂等方式，将地方文献纳入馆藏体系，形成具有地域特色的馆藏资源。这不仅有助于传承和弘扬地方文化，还能为地方经济社会发展提供有力支持。

第三，加强与其他图书馆的交流合作。图书馆应加强与其他图书馆的交流合作，通过馆际互借、资源共享等方式，实现馆藏资源的互补和优化。这不仅可以丰富图书馆的馆藏资源，还能提高资源的利用效率和服务效能。

（二）提高传统纸质资源的采购质量

第一，制订科学合理的采购计划。图书馆应根据自身的馆藏定位和服务需求，制订科学合理的采购计划。采购计划应明确采购目标、采购范围、采购数量以及采购时间等要素，确保采购工作的有序进行。

第二，加强市场调研，了解出版动态。图书馆应加强市场调研，了解出版动

态和市场趋势，为采购工作提供有力支持。通过市场调研，图书馆可以及时了解新书出版情况、读者需求变化以及市场竞争状况等信息，为采购决策提供科学依据。

第三，优化采购渠道，降低采购成本。图书馆应优化采购渠道，降低采购成本。通过与出版社、书商等建立长期稳定的合作关系，图书馆可以获得更多的优惠政策和折扣，降低采购成本。同时，图书馆还可以通过网上采购、集中采购等方式，提高采购效率和服务质量。

（三）建立专业的维护工作室与高效团队

第一，成立专业的维护工作室。图书馆应成立专业的维护工作室，负责传统纸质资源的日常维护和管理工作。维护工作室应具备相应的设备和工具，能够对馆藏资源进行定期检查、清洁、修复等工作，确保馆藏资源的完好性和可读性。

第二，培养专业的维护人员。图书馆应加强对维护人员的培训和教育，提高其专业素养和技能水平。维护人员应具备丰富的图书馆学知识和实践经验，能够熟练掌握各种维护技术和方法，为馆藏资源的维护提供有力保障。

第三，建立高效的团队协作机制。图书馆应建立高效的团队协作机制，加强维护团队与其他部门之间的沟通和协作。通过定期召开会议、交流经验、分享信息等方式，促进团队成员之间的互相学习和共同进步，提高团队的整体素质和服务水平。

（四）丰富储存方式，实现资源可持续利用

第一，采用多种储存方式。图书馆应采用多种储存方式，如书架、密集架、移动式书架等，以满足不同类型、不同尺寸的纸质资源的储存需求。同时，图书馆还应关注新技术的发展和应用，如 RFID 技术①、智能书架等，提高储存效率和管理水平。

---

①　无线射频识别技术（Radio Frequency Identification，RFID），是一种非接触式自动识别技术，通过发出的射频信号，再以空间耦合实现无线接触信息传递，并通过所传递的信息达到识别物体的自动识别技术。

第二，合理规划储存空间。图书馆应合理规划储存空间，确保馆藏资源的合理利用和有效保护。通过制订科学的储存方案、优化储存布局、加强储存环境控制等方式，为馆藏资源提供良好的储存环境，延长其使用寿命。

第三，加强资源回收利用。图书馆应加强资源回收利用工作，对废弃的纸质资源进行分类、整理、回收和处理。通过回收利用，不仅可以减少资源浪费和环境污染，还能给图书馆带来一定的经济效益和社会效益。

◆ 第二节 人力资源管理

人力资源管理是指组织为实现其一定时期的战略目标而对其人力资源实行科学合理地更新、配置、使用、开发和激励的一系列管理过程。图书馆人力资源通常是那些既能够给图书馆带来持久性效益，又能够使图书馆价值得到显著提升的群体的总称，如团队意识、个人魅力、技能、知识、经验等。作为图书馆科学管理中能动性最高的资源类型，人力资源呈现出明显的活跃性、积极性和主动性特征。以投资人力资源为前提，促进人力资源存量和特定技术结构的形成，并以组织要求和目标为依据来激励使用、整合配置、协调控制不同形态和专业化功能的人力资源，能够使人力资源保值增值。

一、图书馆人力资源管理基础

(一) 图书馆人力资源管理的意义

人力资源是图书馆活动的主体，是图书馆服务职能实现的基本。图书馆的人力资源管理主要的目的是以规范的管理制度，激励职工，人尽其才，发挥每位职工的工作积极性和主动性，使图书馆的社会职能发挥起来，实现图书馆的社会服务与科研价值。

1. 对组织的整体意义

图书馆通过人力资源系统以及专业的人力资源活动，提高职工的职业素养、工作技能，使职工获得更好的发展平台，从而满足职工发展和自我实现的需要。人力资源管理对组织的整体意义主要体现在以下四方面：

（1）帮助组织了解图书馆现有人力资源状况和建立人才信息库。盘点组织人力资源知识、技能存量，储备人才，建立人才信息库，在需要时可有效、充分地利用本组织人力资源，帮助组织了解职工的现状、需求、能力及目标，调和它们同组织在现实和未来可提供的职业机会与挑战间的矛盾，避免职工走弯路，动态优化提高人力资源配置的合理性。

（2）推动图书馆组织文化的形成与完善。组织文化是一个组织前进与发展的灵魂，是组织创造生产力的精神支柱。通过人力资源管理可以使职工在了解图书馆组织文化的同时，也推动图书馆组织文化的形成与完善，并树立良好的组织形象。

（3）优化人力资源组合。通过人力资源管理的优化组合功能，有利于职工快速地成长与进步，有利于图书馆整体工作效率的快速提升。

（4）增强组织凝聚力。人力资源管理可以为职工提供一个提升与完善自我的机会，使职工在工作中实现职业生涯规划。

2. 对职工的意义

人力资源管理可以提高职工的自我认知、知识及技能水平，也可以转变其自身的态度和观念。人力资源管理对职工的重要意义体现为以下三方面：

（1）提高职工的自我认知水平。通过明确的人力资源管理目标，职工能够更好地了解自己在工作中的角色和应该承担的责任和义务，更全面客观地了解自身能力、素质等方面的不足，从而提高自我认知的水平。

（2）提高职工的知识和技能。通过人力资源管理，职工的知识和技能水平将得到提升。而职工技能的提升，将极大地提高图书馆的运营效率，从而为组织创造更多的价值。

（3）转变职工的态度和观念。通过人力资源管理，图书馆可以让职工转变态度，如对待技术革新的态度、对待组织的态度和责任心问题。

（二）图书馆人力资源管理的层面

从人力资源管理的角度对图书馆人力资源管理概念进行理解主要包括微观和

宏观两个层面，以下分别阐述：

第一，宏观层面。宏观层面的图书馆人力资源管理是指在图书馆管理活动中，管理者和决策者进行的规划人力资源战略以及人力资源发展方针政策的制定、图书馆人力资源存量与需求的分析与预测、对人力资源利用情况进行控制与评价的管理过程。从宏观层面来讲，图书馆人力资源管理的决策者和实施者均为国家主管部门和机构，针对某些图书馆人力资源管理的内容进行系统化管理，需要与社会人力资源管理进行有机融合，并在社会发展管理政策的作用和对社会管理力量的动员下开展，如围绕图书馆专业人员展开的资格培训与认证工作。

第二，微观层面。微观层面的图书馆人力资源管理是指图书馆管理活动的完整过程，如对图书馆人事管理制度及相关政策方针的具体制定、对人员编制的确定、对人员业务职称标准和考核标准的规定、对薪酬制度和岗位要求的明确、对图书馆工作人员的配备与培训、对图书馆各部门人力资源关系的协调等。如果将对图书馆人力资源使用的社会环境进行营造作为宏观层面图书馆人力资源管理工作的重点，那么与之相对应的微观图书馆人力资源管理则更加重视制定与运用录用、选拔、培训、使用、考核与奖惩图书馆工作人员的具体指标。图书馆的人事管理部门通常是微观层面图书馆人力资源管理的主要执行者和完成者。

作为图书馆人力资源管理必不可少的重要内容，从某种意义上讲，微观层面的人力资源管理和宏观层面的人力资源管理对社会与图书馆、图书馆与部门、部门与个人之间的互动关系具有决定作用，同时也直接影响着图书馆事业的未来发展趋势。

从长远的角度来讲，图书馆人力资源管理旨在通过合理调配与培训人力资源，来完成图书馆组织机构与工作人员之间良性互动关系的建立工作，进而促进图书馆人力资源与其他资源类型之间结合状态的最优化。而这一点，主要取决于图书馆馆员是开展图书馆服务，利用、操作和配置各种图书馆资源以及塑造图书馆形象的实现对象。作为图书馆可持续发展的坚强基石，优化配置人力资源可以显著提高图书馆的核心竞争力。

(三) 图书馆人力资源管理的内容

第一，人力资源规划。以图书馆的工作计划和发展战略为依据，对人力资源需求进行系统化、全面性的分析和确定的过程。

第二，工作分析。作为图书馆人力资源管理中最基础的内容，工作分析主要是考察与分析各个工作岗位，从而对其职责、任务、工作条件、任职资格和享有权利，以及相应的教育培训情况等予以明确，最终以工作职务说明书的形式呈现出来。

第三，馆员招聘。以人力资源规划和工作分析的要求为依据，馆员招聘主要涉及计划、招募、测评、选拔、录用和评估等活动内容。从聘任形式上，既可以通过内部招聘的形式，又可以以社会公开招聘的形式展开，但无论哪种人才招聘形式，都需要坚持平等就业、择优录用的基本原则。

第四，馆员培训与发展。业绩评估、馆员发展、馆员职业生涯规划是构成馆员培训与发展的主要内容。培训与开发馆员，可以提高馆员的工作效能，使其对图书馆的归属感得到进一步强化，可以使图书馆事故发生概率和成本得到降低，同时实现其经济效益和工作效率显著提高的目标。

第五，馆员激励。"馆员激励"，就是以使馆员得到有效激发、使馆员的行为得到引导和强化为目标，运用各种元素对馆员的工作积极性进行进一步调动，以促使馆员表现出实现图书馆目标的具体行为。

第六，绩效管理。所谓"绩效管理"，指的是依据特定的绩效标准或工作目标，以一定的考评方法为手段，来评价馆员的工作表现和工作成果。为了使馆员的积极性得到有效调动，同时确保图书馆人力资源管理工作运行得健康高效，需要对绩效不同的馆员采取不同的政策，即以物质和精神奖励来激励绩效突出的馆员，以相应的批评乃至惩罚来对待那些表现差的馆员。

第七，薪酬管理。作为图书馆人力资源管理的重要内容，薪酬管理同样关系着图书馆能否广泛吸引和吸纳人才，因而是人力资源效能得以充分发挥的最有力的杠杆之一。所以，图书馆要综合考虑馆员的资历、职级、岗位、实际表现和工作成绩等内容，充分发挥其对馆员努力工作的激励作用。

第八，职业生涯管理。职业生涯管理主要表现为职业生涯决策、设计、发展和开发等内容，作为个人和图书馆对职业历程的规划、对职业发展的促进等一系列活动的总和，职业生涯管理对于个人人力资本投资收益的提高、职业通道改变成本的降低以及图书馆整个事业的发展发挥着重要作用。

第九，人力资源保护。劳动关系的各方面，如劳动争议、劳动保护、劳动报酬、劳动时间、劳动用工等内容，均与人力资源管理直接相关。为了使图书馆馆员在工作过程中的安全与健康得到进一步保障，图书馆应当立足国家劳动保护的有关协议条款中的相关规定，确保其对相关劳动关系的处理合乎法律规定。

（四）图书馆人力资源管理的理想模式

组织绩效、组织战略和人力资源管理开发之间存在着密切联系。因而，必须以有效的人力资源管理模式来实现组织竞争力进一步增强的目标。作为一个组织，图书馆工作绩效的提升，也与有效的人力资源管理分不开关系。简而言之，求才、用才、育才、激才、留才应当成为图书馆人力资源管理工作最理想的管理模式。

第一，求才。以良好的图书馆形象来吸引人才关注应当成为图书馆人力资源计划制订、统一化选才标准设计和双向选才机制建立的基本前提。

第二，用才。基于对图书馆员工的尊重与信任，对人才施以关心并大胆任用，以让所有人才的才能得到最大化发挥为前提，带动良好用人环境的创造和人才优势的发挥。在这个过程中，要坚定以人为本管理思想的指导作用。

第三，育才。育才的关键在于形成一整套经营即教育的管理哲学，为此，就需要以更为系统化的图书馆员工培训教育体系来对个人潜力进行开发，从而有机结合个人的职业生涯开发和图书馆的组织开发。

第四，激才。激才的基础和核心在于对企业文化凝聚力的依靠，其目的在于使人才的积极性得到有效激发。为此，一方面要健全良好的激励机制，采取多元有效的激励措施；另一方面，"目标管理用于图书馆管理活动的全过程，它以先进的成果作为最终的目标，使图书馆的各项管理都围绕预先制定的目标统筹运行"[①]。提高目标管理和配合考核、评估、奖励等制度的普及度。

第五，留才。留才的核心在于使图书馆员工的需要得到最大化满足，为此，

---

① 杨晓丽.图书馆目标管理及实施［J］.沈阳电力高等专科学校学报，1997（02）：47.

要贯彻落实以人为本的思想理念，珍惜人才，使图书馆员工获得职业理想实现的可能。

（五）图书馆人力资源管理的原则

第一，人事相宜原则。人事相宜原则主要是量才使用。量才使用就是根据每个人的能力大小安排合适的岗位。人的差异是客观存在的，一个人只有处在最能发挥其才能的岗位上，才能干得最好。做到量才使用主要是能级对应。即图书馆职工应根据工作需要处于不同岗位，其能力应对应不同的岗位级别要求，即职工与岗位匹配。一个岗位能级的高低是由它在组织中的工作性质、任务繁简难易、承担责任大小、劳动强度等因素决定的；岗位的功能越大，其能级就越高，其在组织中的相对价值就越大。

第二，动态调节原则。人力资源管理目标与措施并不是一成不变的，当人员或岗位要求发生变化时，要适时地根据发展的需要、政策的调整、环境的变化、业务的调整，对人力资源管理目标和措施、人员的配备进行适当的调整，保证人适其岗。

第三，激励原则。调动馆员的积极性是图书馆人力资源管理的重要内容。而激励是调动馆员积极性最重要的方式。通过各种有效的激励手段，激发、培养馆员保持高昂的情绪和持续的积极状态，促使图书馆各项工作得到创新和发展，管理效率得到提高。

第四，标准化与公平原则。在图书馆人力资源管理中必须遵循科学合理的标准和程序，才能体现图书馆人力资源管理的标准化与公平性，这是图书馆人力资源充分利用的重要保证。

二、图书馆的馆员管理

（一）馆员的筛选

1. 馆员的招聘

（1）馆员招聘计划。馆员招聘计划是分析图书馆在不同情况下的人力需求，使得图书馆内部有充足的人力资源保障，以实现图书馆的长期或短期发展目标。

（2）招聘过程。

第一，制订计划。制订计划内容包括：①进行人员需求预测；②分析图书馆所面临的环境影响和组织变化；③进行人员供给预测。制订招聘计划时要对招募人数、招聘的时间及成本进行估算。

第二，发布招聘信息。招聘信息发布的范围是由招聘对象的范围来决定的。高级管理人员和专家一般在全国范围内招聘，甚至可以跨国招聘；专业技术人员可以跨地区招聘；一般办事人员在本地区招聘就可以了。图书馆要根据招聘职位的要求与特点，向求职人员发布招聘信息，发布渠道主要有网络、报章杂志、电视、电台、布告和新闻发布会等。在条件允许的情况下，招聘信息应尽早发布，这样有利于缩短招聘进程，有利于使更多的人获取信息，使应聘人数增加。

第三，应聘者提出申请。招聘信息发布之后，应聘者会通过电话、信函方式向招聘单位提出申请，图书馆应要求应聘者填写求职申请表并提供有关证明材料。

2. 馆员选拔任用

图书馆馆员的选拔和聘用是图书馆人力资源开发和管理的一项基本任务和重要环节，它决定图书馆人力资源的结构成分以及馆员的能力水平。图书馆馆员选拔是指对从事图书馆工作的人员进行公开选拔和测试，其目的是挑选符合需要的图书馆馆员，提高工作效率，降低图书馆馆员职业的培训成本。图书馆馆员聘用是指在选拔的基础上，对具有专业技术资格和技术能力的竞聘人员进行录用，其目的是对录用的馆员授予一定的岗位权利，以充分发挥所聘人员的才能和作用。这是图书馆人力资源管理的主要过程。

（1）图书馆馆员选拔任用的原则

第一，公平、公正、公开的原则。图书馆要获得高质量的图书馆馆员，提高自己的管理水平，就应在选拔和任用未来馆员的过程中坚持公平、公正、公开的原则。图书馆应打破传统的自我封闭的形象，把图书馆所需的工作岗位和人员数量以及任职资格、录用时间向社会公布，鼓励社会成员参加竞选和竞聘。选拔要做到机会均等，坚持任人唯贤，并通过相关的制度来确保选拔和聘用人员的质量。为此，图书馆应为选拔优秀人才创造良好的政策环境和工作环境，以保证图书馆运用科学的方法吸收和录用合适的馆员。

第二，用人之长的原则。知人善任，是图书馆馆员选聘过程中应该注意的重要原则。图书馆组织应该采取客观、辩证的态度，将待用人员的长处和短处、主流与非本质等方面做反复仔细的研究。选拔员工的关键在于如何根据岗位要求，发挥工作人员的长处。对于待用人员来说，若能在一个适合其个性特点的工作岗位上发挥其长处，就能各得其所；对于图书馆组织而言，要选择适合的馆员，人尽其用。

第三，用人不疑原则。用人不疑原则又称信任原则。对被任用的人才，要放心使用他们，发挥其主动性、积极性和创造性，支持馆员取得各项工作业绩。如果个人得不到管理者的信任，处处受到猜疑，他就不会全身心地投入工作中，智慧和才能就不会充分发挥。只有充分信任，放手支持选拔和录用的工作人员大胆工作，才能使之充分发挥其聪明才智，为图书馆创造更大的价值。

第四，注重潜力的原则。图书馆组织要注重竞聘人员的潜在发展能力。有些人在担任现职时表现出色，但当被选拔到高一级职位时，就不能胜任工作的需要。因此，在对应聘人员进行考核时，应注重对其工作能力、知识范围、思想品德以及交往能力进行全面考核和评定，同时还应注意其团队精神和协作精神的评定。要正确评价竞聘人员的发展潜力，根据其处理复杂问题的能力和是否具备高层次人才所需的基本素质进行选拔和聘用。只有这样，图书馆组织才能够避免造成人力资源的误用和浪费。

第五，条件适当的原则。在选聘过程中，选聘的条件可能很多，候选人"过五关斩六将"才能够得到想要的岗位。但是，这些条件的设置不能过于苛刻，必须根据图书馆组织的目标以及这一目标对人员配置职能的要求等方面来客观设计，应对待聘职位的性质进行工作分析，并充分考虑这一职位对人员提出的要求来选拔人才，这样才不至于浪费大量的时间、精力和费用，同时又能够得到图书馆所需要的人才。

（2）图书馆馆员选拔聘用的途径

第一，内部选拔。内部选拔是指从图书馆行业内已有的人员中进行选拔提升，一般要求在组织中建立起详尽的人员工作表现调查登记材料，以此为基础建立数据库，以便在职位出现空缺时，能够据此进行分析研究，从而从中选出符合要求的人员。

在图书馆内部选拔人才有以下四个优点：①由于对图书馆内人员比较了解，可以通过充分、可靠的人事管理资料进行分析与比较；②被提升的组织内部人员对图书馆组织运行的状况以及现存的问题比较了解，能够比较快地适应岗位要求；③通过图书馆内部人员选拔，可以使广大员工看到工作的希望和前途，增强自信心，鼓舞士气，并使其保持良好的工作热情；④可以使图书馆快速获得员工对图书馆业务培训的回报。

但从内部选拔人才也有可能产生一些弊端：①容易造成"近亲繁殖"的后果。由于组织成员已经形成了长期的思维定式，难以产生新的观念和行为，因而此举不利于图书馆组织的发展与创新。②如果图书馆工作岗位所需人员的缺口比较大，而又一味坚持从图书馆内部选拔人才，就有可能导致不适合图书馆岗位要求的工作人员上岗，这样不仅使图书馆失去了获得一流专业人才的机会，也会对图书馆组织的发展形成阻力。

第二，外部招聘。外部招聘是指从图书馆以外的途径来获得人才，外部招聘的渠道很多，例如广告、职业中介、学校、图书馆馆员的推荐等。要使外部招聘得以有效实施，就必须将图书馆空缺岗位的相关情况事先告知应聘者，例如岗位的性质和要求、工作环境的现状和前景、报酬以及福利待遇等。图书馆外部招聘的优缺点恰好与内部选拔互补。

对外招聘的主要优点是：①有较广泛的人才来源来满足图书馆的需求，并有可能招聘到一流的人才；②可避免近亲繁殖，给图书馆带来新鲜空气，新的思想和方法可以为图书馆补充新鲜血液；③由于大部分应聘者都具有一定的理论知识和实践经验，因而可以节省在培训方面所耗费的大量时间和费用。但它也存在不足：①如果图书馆中有胜任的人未被选用，采取外部招聘的方法可能会使这部分人才感到不公平，可能会产生与应聘者不合作的态度，同时会使组织士气和积极性受到打击；②应聘者对图书馆的历史和现状不了解，需要有个了解和熟悉的过程；③由于对应聘者的实际工作能力并不十分了解，因而在招聘过程中不可避免地会过分关注其学历等。

总而言之，无论是内部选拔还是外部招聘，都各有长处和不足，都不是十全十美的甄选聘用方法。但在实际工作中，我们可以遵循一些一般的规律。例如，当图书馆内有适合该空缺岗位要求的人选时，应首先从内部进行选拔；当空缺的岗位是图书馆内的关键职位，而图书馆内部又无人能够胜任时，就应该从外部招聘。这两种方法应该结合使用，从外部招聘进来的人员应该从基本工作做起，然后根据其表现来进行适当的提升。

（3）图书馆馆员甄选聘用的程序与方法

图书馆馆员甄选与聘用的流程可根据图书馆的规模和性质以及岗位要求来进行设计。首先应从岗位的需要出发进行工作分析，确定某项专业工作所需人才的业务水平是确认甄选的标准，是识别最佳人选的前提。例如，选择担任文献采选人员、编目人员、咨询课题主持人与计算机管理系统设计人员时，对他们的要求是有区别的。外语水平与知识广度是外文采选工作的基本要求，编目人员要有系统的图书情报专业知识，而专题咨询与计算机管理系统设计人员则需要较深厚的专业理论基础。同时，也要考察工作对候选人的个性特长的要求，然后针对这些要求设计甄选的方式，如问卷调查、面试等。设计甄选与聘用活动的程序应考虑到实施过程中的相关影响因素，例如时间、费用、甄选的难易程度以及实际意义等。图书馆馆员甄选聘用的方法如下：

第一，笔试。笔试可以通过各种测验来对以下内容进行考察分析：①智力测验。目的是衡量候选人的记忆力、观察力等，主要考察候选人在继续学习上的能力，同时也对候选人有个基本了解。②专业测验。目的是测验候选人所具有的专业技能，以及进一步掌握技能的潜力和能力，例如对参考咨询人员的测验，就应该考察其在咨询工具操作能力，以及对信息的检索分析处理能力等。③性格测验。目的是衡量候选人在性格上的特征。图书馆咨询服务十分强调与读者的交流沟通能力，若候选人在性格上不够耐心，沟通上欠缺技巧，就不符合该岗位的要求。④领导能力测验。目的是衡量候选人在领导能力方面的表现，以及在这方面的潜能。若待聘职位是关键的领导岗位或者是该类岗位的储备人员，就应该特别强调候选人在这方面的能力。

第二，面试。面试是一种要求候选人口头回答主试提问，以了解候选人的素质和潜能的甄选方法。面试的优点是直接简便，可以快速淘汰那些明显不合格的候选人，但同时这种方式也很容易受到候选人表象的影响。由于很多图书馆没有实施现代人力资源管理制度，招聘选用人才时没有采取科学的方法，面试往往只是走过场，所以负责甄选人才的人员不能从中得到有价值的所需要的候选人的相关资料。图书馆在采取面试这种方式甄选人才时，必须警惕形式主义。申请图书馆一般工作人员职务的应聘人，须经历图书馆管理委员会、招聘部门主任及有关的工作人员共同参加的面试过程，一般需要半天时间。面试的重点，一是了解候选人的工作能力，可以通过询问其以往的工作经历、经验来判断其是否适合该岗位要求。二是了解候选人的性格特点，观察其应变能力等因素。三是了解候选人的求职动机。如有的人将大城市的图书馆当作职业上的跳板，工作态度不端正，应该在面试时充分了解考察，早做判断。

（4）图书馆馆员甄选聘用的评估与反馈

图书馆需要对甄选聘用的过程和结果进行评估，以确保选拔过程的公正性和有效性。评估应包括对招聘流程的效率、选拔标准的适用性以及录用馆员的表现等方面。通过评估，图书馆可以不断改进选拔程序，提高未来招聘的准确性和效率。同时，图书馆还应建立反馈机制，允许应聘者对招聘过程提出意见和建议。这种反馈有助于图书馆了解应聘者的体验，发现可能存在的问题，并采取措施加以改进。对于未被录用的应聘者，图书馆应提供适当的反馈，帮助他们理解未被录用的原因，以便他们在未来的求职中有所改进。

（5）图书馆馆员甄选聘用的培训与发展

一旦馆员被录用，图书馆应为其提供必要的培训和职业发展机会。培训不仅限于图书馆的业务操作，还应包括专业技能、服务态度和团队协作等方面的提升。通过培训，馆员可以更好地适应工作岗位，提高工作效率和服务质量。

图书馆还应鼓励馆员参与专业发展和继续教育项目，如参加图书馆学研讨会、攻读相关学位或证书等。这不仅有助于提升馆员的专业水平，还能增强其对图书馆事业的归属感和忠诚度。

（6）图书馆馆员甄选聘用的法律遵从与伦理考量

在甄选聘用的过程中，图书馆必须遵守相关的法律法规，如就业平等法、劳动法和反歧视法等。图书馆应确保招聘广告、选拔过程和录用决策不含有任何形式的歧视，如性别、种族、年龄、宗教或其他非工作相关因素。

此外，图书馆在选拔聘用过程中还应遵循伦理原则，如保护应聘者的隐私、公正对待所有应聘者、避免利益冲突等。图书馆应建立一个透明的招聘环境，确保所有选拔决策都基于客观的评估标准，而不是个人偏好或偏见。

（二）图书馆馆员的素质培养

1. 馆员的思想素质

馆员需要具备良好的思想素质，这主要体现在以下三方面：

（1）需要具有极强的责任心，能够认真、细致地为读者解答疑问，并且要实事求是，保证自己的回答是正确的，符合读者的需要。

（2）需要具有良好的工作态度，对待所有读者都能够热情服务，为读者提供更加舒适的学习条件。例如，当读者遇到问题时，馆员可以为读者推荐相关书籍进行阅读，让读者可以更快地解决问题，提高学习效率。

（3）需要注意自己的言谈举止，在为读者服务的同时，首先需要管理好自己，这样可以使馆员的管理过程更加具有说服力，保证图书馆管理工作能够顺利进行。

2. 馆员的心理素质

馆员是一项非常枯燥的工作，其绝大多数时间与图书和读者打交道，极易产生烦躁的情绪。因而，馆员需要具备过硬的心理素质，主要体现在以下三方面：

（1）馆员需要具有极强的意志力，能够克服图书馆管理工作的枯燥性，更好地为读者服务，避免影响读者的服务质量体验。

（2）馆员需要具备攻克难关的能力。长期与读者打交道必然会遇到一些难题，馆员需要及时地解决问题，与读者更好地相处。

（3）馆员需要做好心态方面的调整，这也是身为一名馆员需要克服的难题，只有这样，才能够全心全意地投入图书馆的管理中，避免将工作中的不良情绪带给读者。

3. 馆员的专业素质

馆员需要具备扎实的专业技能，熟悉图书馆管理的各种流程，通过丰富的管理知识对图书资源进行管理，从而科学合理地对图书进行分类。馆员需要具备的专业素质主要体现在以下两方面：

（1）馆员需要具有良好的信息化管理水平，能够对图书进行有效的整理与分类，这样更加有利于图书资源的管理，便于对图书资源进行查找。例如，当读者想要阅读教育方面的书籍时，馆员可以按照图书分类快速地确定教育类书籍的位置，从而为读者提供正确的指引，快速地找到想要阅读的书籍。

（2）馆员需要懂得文献学、目录学等多方面的知识，为图书资源的管理提供重要依据，进而为读者提供更好的服务。

4. 馆员素质培养策略

（1）实行岗位轮换制度。在网络环境下，图书馆的阅览、典藏、采访、咨询和流通等工作之间是存在紧密联系关系的。要使得网络环境下图书馆工作的能够顺利开展，应在图书馆各项工作中实行岗位轮换制度，从而建设一支综合素质过硬的复合型人才。馆员通过不同工作岗位的交流学习和轮换，不仅对图书馆各项工作的业务流程更加熟悉。而且也学习到了更多的服务技能，更利于图书馆各岗位工作间的协调和沟通，从而促进馆员之间经验交流、互相学习，有效地增加了馆员之间的凝聚力，从而在网络环境下有效地提高馆员的整体素质和服务水平。

（2）重视提高馆员的信息素养。当今社会，媒体技术渗透到各行各业中，媒体技术环境下馆员需要善于搜索和发掘网络上有价值的信息，并且能够对信息进行快速加工，保证发布内容的及时性和准确性。重视提升馆员与用户沟通的技巧，对于用户的咨询和评论要提供合理的答复和建议，要维护图书馆的良好形象，还要做好工作时间的衔接（主要是网络平台的工作时间，在图书馆闭馆以后，网络平台需要保证有馆员随时在线回复用户的提问）。

在提高馆员业务水平的同时，图书馆要重视利用新媒体技术进行宣传推广，如微信公众号可以通过语音、视频、超链接等功能来推送相关信息，运作的成本低廉、操作简单快捷、推送信息精准优质；新浪微博则可以通过在线直播讲座进行推广，信息传播十分快速，发布信息的门槛较低。图书馆要充分利用各种网络平台的优势，创新宣传推广的渠道和方式，这就需要馆员拥有良好的信息素养，才能促进图书馆网络平台的健康发展。

（3）加强对馆员职业道德教育。从事图书馆工作必须具有高度的工作责任心和职业道德，提高图书馆服务和业务水平的前提就是提高馆员的职业道德素质。通过对馆员进行系统的职业道德教育，使其对自身有全面地认识，清楚自身存在的不足，并树立其崇高的职业责任感和荣誉感，并具有甘于奉献的精神，热爱自己的工作，从而全心全意地为广大读者提供更优质的服务。

（4）加大岗位培训和继续教育力度。在我国图书馆事业的发展过程中，管理者应具有发展的眼光，为其图书馆的发展制订长期的发展计划。在图书馆建设中坚持学用结合和按需施教的原则，建立岗位培训和继续教育体系，并将其贯穿在馆馆员的工作过程中。

基于此，首先可以选择进修教育方式，在馆员中选择业务能力出众的馆员，为其提供进修的机会，学习目前图书馆领域中的新方法和新理论；其次鼓励馆员积极主动地参加或自学各类培训教育，不断完善自身的知识结构；最后根据馆员工作岗位和知识结构的不同，组织参加相应的岗位培训，使其掌握更多的先进专业知识和先进技术。

（5）引入竞争激励机制。任何一项工作如果脱离了竞争就是一潭死水，适当的竞争与压力可以保证工作有效地开展。在过去的时间里，图书馆经历了三次大的冲击：第一次冲击由于计算机和通信技术的结合推动互联网的发展，人们认为图书馆将走向消亡，结果却出现了空前的新馆建设热潮；第二次冲击在世纪交替之间，由于互联网的大量普及，人们认为互联网会替代图书馆的功能，成为人们获取信息的主要途径；第三次冲击在今天，从纸质型为主体向全媒体图书馆过渡。因此，馆员要树立大局意识，提高自身的竞争意识，坚持与时俱进。

图书馆也要引入竞争激励机制，图书馆各项技术岗位都实行双岗并行制度，筛选真正适合的工作人员，有效提高馆员的工作效率，改变安于现状的工作状态。引入竞争机制，可以在图书馆向全媒体图书馆过渡转型的过程中，真正实现图书馆的范型转换。

（三）馆员的职业资格制度建立

职业资格，是指对劳动者或就业者从事某一职业所必备的学识、技术和能力的基本要求。图书馆馆员职业资格是指图书馆馆员在信息资源获取、信息资源组织、信息技术利用、信息服务活动等领域中有效完成工作任务所必须具备的基础知识、理解能力和基本技能，它是选拔、录用图书馆馆员的主要依据，也是图书馆馆员职业发展的必要条件。

图书馆馆员职业资格管理实际上是对从事图书馆工作的人员提出了更高的要求，它以专业人员和拥有专业技术的人员作为提高图书馆管理水平的突破口进行人力资源整合，充分挖掘图书馆工作人员的知识和能力，以专业化和专家型的社会服务改变图书馆的社会地位，提高图书馆馆员的整体素质。因此，作为一种社会职业，图书馆馆员不仅应具有专门的服务技术和能力，而且还应遵守职业道德伦理，并以此推动图书馆事业发展。

职业资格制度是以从业人员的职业资格为核心，通过制定相关的法律、法规，以及规定获取职业资格的行政程序等方式，对其进行职业资格的鉴定和验证，以提高从业人员素质和保证就业质量的职业许可制度。它是一种法制化的管理制度。实行职业技术鉴定，推行国家职业资格等级认证制度，能有效地提高劳动力职业素质，是我国人力资源开发的一项战略措施。近年来，随着图书馆专业队伍建设的不断发展，对图书馆馆员职业资格的认知度愈来愈高，要求建立图书馆馆员职业资格制度的呼声也愈来愈高。

职业资格制度的实施，使传统的图书馆人事管理得到改善和创新，使图书馆拥有真正意义上的人事制度管理权。通过图书馆馆员职业资格认证制度，实行岗位聘任制，强化竞争意识，促进图书馆与从业者的双向选择，起用符合社会发展需要的专门人才，以改变图书馆工作人员素质低下和平均年龄偏高的现状。通过图书馆馆员职业资格登记认证，还可以使图书馆与就业人员牢固树立继续教育观念，根据社会发展的需要不断进行职业培训，以提高从业人员的职业意识与职业素质，使图书馆馆员专业培训更有针对性，从而提升图书馆服务的整体形象。

图书馆馆员社会角色的重新定位，提高图书馆工作人员的社会职业地位。社会科学技术的突飞猛进，对现代图书馆专业人员提出了更高的要求，作为信息资源的组织者、信息资源的导航者以及信息资源的管理者应具有符合社会需要的职业素养和专业素质。1998 年全国图书情报研究生学术研讨会就提出将"信息主管"作为研究生教育培养目标之一。图书馆馆员职业资格制度将为图书馆馆员角色的转变和图书情报专业培养目标的转变提供国家法律制度上的保障，树立信息主管、信息导航员、知识产品经纪人等职业新形象，使图书馆馆员这一信息服务的崇高职业获得新的发展。图书馆馆员职业资格制度将有效地实现完善的图书馆服务体系，促进图书馆馆员服务价值观念上的转变，从而使社会能从更高的层面上来评价图书馆馆员的信息服务和知识服务。

依托图书馆学、情报学高等教育机构对有志于图书馆职业的社会成员进行职业培训，然后由政府部门和中国图书馆学会组织全国性的统一等级考试。考试合格者即取得从事图书馆馆员职业资格，并发给相应的专业资格证书。初级资格者可以从事图书馆基本的工作，而高级资格获取者则可以从事难度较大、要求较高的图书馆信息资源组织和图书馆个性化服务工作。在对图书馆馆员职业资格认证的过程中，应着重考察申请者的知识结构和知识覆盖面，考核适应工作需要的各种专业技能。考试内容应随时代的发展及时更新，以保证图书馆的专业人员始终具有较高的专业理论水平和技能。

在图书馆馆员职业资格制度的执行过程中，应当严格遵守公正、公平、公开的基本原则，一视同仁，不讲私情。但由于不同地区经济文化发展不平衡，其图书馆员的教育水平亦不同。因此，可以按地区发展的状况采取分步的措施来保证图书馆馆员职业资格制度的实施。如在经济文化发达的地区率先实行图书馆馆员职业资格的认证，并逐步在全国推广。也可以先在发展水平较快的图书馆率先实施该制度，取得经验后再向其他图书馆推广。同时，还可以根据图书馆馆员的专业教育情况，对未受过图书情报专业教育的现任图书馆馆员进行在职业务培训或脱产业务培训，要求他们在规定的期限内通过图书馆馆员职业资格考试。当然也要考虑到历史原因和现状，由于我国图书馆中年龄偏大的低层次馆员数量较大，而且在很长一段时间内还将继续维持这种状况，硬性要求他们在短时间内提高能力，通过相关的职业资格考试是不现实的，因此宜放宽要求，但应注意以其他有效方式督促这些图书馆馆员提高业务素质。

总之，我们应积极借鉴国外资格认证的成功经验，根据本国实际情况改进现有的图书馆人力资源管理制度，在不久的将来，真正建立起一支素质优良、掌握现代化技术的专业人员队伍，以先进的图书馆人力资源开发管理来实现图书馆事业的全面发展。

（四）馆员的考核与激励

1. 图书馆馆员的考核

随着现代管理学不断发展，人力资源考核已不再局限于对工作效果的评估，而强调把图书馆组织的目标融入日常工作中，建立整个图书馆组织管理的考核与激励体系，同时也逐渐把考核重点放在对图书馆工作过程的全程监督、指导与调节上。因此，有的学者把这种考核与激励体系称为绩效管理。

（1）图书馆馆员考核的作用

第一，考核作为馆员聘用的依据，应遵循德才兼备的原则。馆员的聘用应以考核结果为主导，避免受到其他外部因素的影响。

第二，全面考核是合理配置人力资源的基础。只有通过深入细致的考核，管理者才能准确判断每位馆员是否具备图书馆业务工作的素质和能力，及时发现并调整馆员素质和能力的变化，从而合理配置人力资源，确保图书馆高效运行。

第三，考核为人员培训提供理论依据。人员培训是人力资源开发和管理的关键环节。随着现代信息技术的应用，图书馆服务功能得到加强，对工作人员的素质要求也相应提高。人员培训逐渐成为图书馆发展的核心，而确定培训方向的关键在于对员工的考核。

第四，考核是实施激励措施的前提。通过科学合理的人员考核，图书馆工作人员可以了解自己的工作成绩，发现不足和缺点，明确努力方向。这有助于馆员之间开展公平竞争，激发每个人的主观能动性，不断提高个人素质和业务能力，形成积极向上的良好工作作风。

（2）图书馆馆员考核的内容

图书馆因岗位性质不尽相同，应根据岗位职责及岗位实际工作内容，制定出相应的考核标准，考核内容也应根据岗位要求而定。

第一，工作态度。工作态度是衡量一个馆员是否合格的重要标准。一个优秀的图书馆馆员应该具备积极向上的工作态度，对待工作认真负责、热情周到、耐心细致。这种态度不仅体现在对读者的服务上，也体现在对图书馆工作的热爱和投入上。在考核中，可以通过同事评价、读者反馈、自我评估等多种方式，对馆员的工作态度进行全面、客观的评估。此外，还可以观察馆员在面临困难和压力时的应对态度，以及他们在处理突发事件时的应变能力，从而更加全面地了解他们的工作态度。

第二，业务能力。图书馆的工作涉及多方面，包括图书采购、编目、流通、读者服务等。馆员需要具备扎实的业务知识和技能，才能胜任这些工作。因此，业务能力的考核是馆员考核中的重点内容。在考核中，可以设置一些与业务相关的测试题目，如图书分类、编目规则、读者服务流程等，以检验馆员对业务知识的掌握程度。同时，也可以安排一些实际操作任务，如图书上架、读者咨询解答等，以考察馆员的业务能力和实践操作能力。此外，还可以通过观察馆员在处理复杂业务问题时的分析和解决问题的能力，来评估他们的业务水平。

第三，创新能力。随着科技的发展和社会的进步，图书馆也在不断变革和发展。馆员需要具备一定的创新能力，才能适应这种变化并推动图书馆的发展。创新能力的考核可以从以下方面入手：一是鼓励馆员提出创新性的建议和想法，如改进图书馆服务流程、提高读者满意度等；二是让馆员参与一些创新项目或活动，如数字资源建设、阅读推广等，以评估他们在创新方面的表现；三是关注馆员在学术研究或业务研究方面的成果，如发表的论文、参与的课题等，以体现他们在学术或业务领域的创新能力。此外，可以通过评估馆员在引入新技术、新理念等方面的表现，来衡量他们的创新能力。

第四，团队协作能力。图书馆是一个整体，需要所有馆员共同协作才能保证其正常运营。团队协作能力是衡量一个馆员是否优秀的重要指标。在考核中，可以通过以下方式评估馆员的团队协作能力：一是安排一些需要团队协作才能完成的任务或项目，如图书馆活动组织、读者服务提升等；二是通过同事评价了解馆员在团队协作中的表现；三是关注馆员在团队中的沟通和协调能力以及合作精神等方面的表现。此外，还可以观察馆员在团队讨论和决策过程中的参与程度，以及他们在团队中的领导力和组织能力。

第五，工作业绩。工作业绩是衡量一个馆员工作成果的重要指标。在考核中，可以通过以下方式评估馆员的工作业绩：一是关注馆员完成工作任务的情况，如图书采购数量、编目质量、读者服务满意度等；二是评估馆员的工作质量和工作效益，如图书流通率、读者投诉率等；三是关注馆员在业务竞赛或评奖中的表现以及获得的荣誉和奖项等。通过对工作业绩的考核可以全面了解馆员的工作成果和贡献情况。此外，还可以关注馆员在工作中遇到的困难和挑战，以及他们克服困难的能力和成效。

（3）考核的程序及方法

第一，量化考核：为使考核全面、公正、高效，图书馆馆员的量化考核部分可制定一份考核表，对各个可以量化的指标进行认真分解，并按优劣程度进行分级，然后根据个人表现来进行打分考评。

第二，定性评议：为了使考核更科学、全面，在进行量化考核的同时，不应忽视全体馆员和广大读者的评议性意见。应对每一位馆员进行定性评议，主要针对的是考核内容中不宜进行定量考核的要素进行群众评议或组织评议。应强调的是，为读者服务是图书馆的基本职能，因此图书馆在考核过程中，对直接与读者接触的部门应考虑进行读者测评一项，以提高图书馆的服务水平。

第三，确定考核结果：考核小组成员将考核人员量化考核和定性评议的得分综合处理，得到被考核人员的最后得分，并将考核结果公之于众。

2. 图书馆馆员的激励

从心理学的角度来讲，激励是指激发人的行为动机的心理过程。通过激励，在某种外部刺激的作用下，使人获得某种内部推动力，让人始终处在进取、愉悦的状态中。激励机制是人力资源管理中非常重要的组成部分。其主要含义是指为了提高员工的积极性而采取的工作手段。图书馆要大力激发广大馆员的工作热情，调动馆员的主观能动性，提高服务水平，必须引进和实行激励机制。图书馆馆员在为读者组织信息资源、提供信息服务和情报咨询的工作中付出了自己的努力和劳动，自然希望自己的工作成绩能得到认可。如果图书馆管理者要增强图书馆馆员的积极性，提高他们的工作效率，就要让员工知道自己的业绩将获得何种回报。作为图书馆的管理者要及时了解和掌握馆员的需求与动机，有针对性地采用激励机制和方式，实事求是地进行激励，并通过各种措施来充分肯定图书馆馆员的个人价值和取得的工作业绩，激发全体馆员的工作热情，调动其内在的自觉意识，挖掘他们的潜力，确保馆员的行为与图书馆的发展目标保持一致。

（1）激励图书馆馆员的基本原则

第一，公平性原则。在任何单位或组织内部，人与人之间首先要相互理解、相互尊重，并在此基础上形成平等和公正的环境。图书馆管理者不能以长官意志、个人好恶和主观偏见来评判馆员的工作表现和成败得失。坚持公平性原则，可以确保每个馆员的心理得以平衡，使其最大限度地发挥自身的主动性、积极性和创造性，

第二，兼顾性原则。是指在图书馆人力资源开发与管理中要做到两个结合：一是物质激励和精神激励相结合，物质激励以精神激励为导向，而精神激励以物质激励为依托；二是奖励和惩罚相结合，奖惩在人力资源开发中十分重要，但惩罚的负效应要求以奖励为主，以惩罚为辅，做到奖罚有度、奖罚分明。

第三，发展性原则。心理学认为，人时刻都处在一种不满足的状态，由不满足而引发的心理压力和紧迫感、责任感又产生满足新的需要的强大动力，而新的需要一旦得到满足，便会追求更新的需求。如此呈现出循环往复、不断发展、螺旋式上升的趋势，实施激励措施、开发图书馆人力资源，要遵循发展的原则，使馆员在工作中时刻有动力和压力，有责任感和荣辱感，在发展中不断满足心理需求，强化奋发向上的力量。

（2）激励图书馆馆员的方式、途径和方法

第一，激励图书馆馆员的方式。图书馆馆员的激励分为成就激励、能力激励、环境激励和物质激励四大类。成就激励可以分为组织激励、榜样激励、荣誉激励、绩效激励、目标激励和理想激励六方面；而图书馆可以通过培训激励和工作内容激励来实现能力激励；公平合理、关系和谐的人文环境以及良好的规章制度与和谐的人际关系则是环境激励的内容；物质激励是改善图书馆馆员生活环境和生活质量的基础，并在此基础上提出建立图书馆人力资源开发激励机制模式，

主张以人为本的人才配置激励，始终坚持以馆员为中心；强化技能的人才培养激励，对馆员的培养是图书馆智能资本中最重要的部分；按绩付酬的物质利益激励是一个科学有效的激励机制，它以物质利益为基本导向；和谐向上的精神文化激励，是图书馆激励机制的重要环节；责任到人的目标价值激励，是把一定时期内每个馆员应当完成的任务转化为明确的个人目标，激发每个馆员按照既定目标积极主动地工作；树立典型的先进榜样激励，体现出保持先进和追求先进是馆员的内在动力。所有关于图书馆馆员激励的研究都为图书馆人力资源管理提供可参考的理论依据。

第二，激励图书馆馆员的主要措施。

一是尊重并满足个人的需要。从激励角度看，人的任何行为都客观地存在着驱使人们开展行为活动的种种需要。因此，管理者要高度重视对图书馆馆员个人发展的环境分析。个人发展环境的动力包括机遇和风险两方面，前者包括加薪、提拔、培训机会、更有挑战性的工作机会等；后者则包括失业、接受不公正的管理、了无生趣的工作以及紧张的人际关系等。只有了解图书馆馆员的真实环境与思想，才能有目的地采取有效行动，调动员工积极性，激励员工朝着组织和个人共同的目标前进。

尊重并满足个人需要的具体做法是：①切实了解图书馆馆员的个人需要，从其动机中发现激励点。工作动机因人而异，能够有效刺激个人的激励点也就不同。要针对其特点进行恰当的激励方式选择，给予他们得到机遇、规避风险的保证和信心。②建立便于各方面交流的畅通渠道。这样的一个渠道对于图书馆来说是十分重要的，如果这个渠道在某一环节出现堵塞或信息变异，将使管理者无法了解馆员的真正需求，馆员的诉求也无人重视，导致工作环境中出现恶性循环。③善于肯定图书馆馆员的个人价值和所取得的成绩。在员工的奖励中，排在第一位的是顶头上司的口头赞赏或表扬，第二位是上司的书面表扬或赞赏。这种管理层的理解和赞赏是对员工工作业绩和个人价值最直截了当的肯定。在这种肯定的氛围中工作的员工会有遇到"伯乐"的感觉，也就没有道理不更好地调动自己的潜能去做好工作。

二是恰当的物质利益激励。物质利益激励是个体精神激励和协调发展激励的基础，只有当前者产生一定效果后，后者才能奏效。物质激励的内容包括工资奖金和各种福利。它是一种最基本的激励手段，因为获得更多的物质利益是普通馆员的共同愿望，它决定着馆员基本需要的满足程度。但需要注意的是，物质激励是一种极具风险的选择，它并不能够激发人们长期处于最佳工作状态，往往花钱不少，但员工的绩效却并无起色。物质激励的操作性也十分复杂，因为要想达到预期效果必须依赖多种因素，而每个人对物质的态度以及为此所愿付出的代价是大相径庭的。

进行恰当的物质利益激励通常可以采取以下做法：①保持固定工资在同行业中的领先地位。从这个角度折射出来的是本组织在同行业中具有某种优势。员工将会从这种领先的工资水平中得到心理暗示：该馆是优秀的，与个人自身价值相当，在该馆工作是值得骄傲的。物质利益不仅是图书馆馆员生存和发展的物质保障，还是评判其社会地位的价值尺度。②建立完善的考核奖惩制度，以图书馆馆员的考核成绩为标准来发放奖金，避免平均分配，保证员工的薪酬，根据其价值具有竞争性。开发图书馆人力资源，同样要遵循市场经济规律，打破吃大锅饭的局面，解放被束缚的员工潜在能力，本着公平的原则建立并完善付酬机制。图书馆必须采用灵活的工资福利制度，既体现馆员的资本价值，又有利于增进图书馆的绩效。

第三，个性化的工作设计。工作设计是近年来受到普遍关注的一种激励方法，是指根据赫茨伯格理论，在工作中添加一些可以使员工有机会获得成就感的激励因子，赋予员工更多的自主权和控制权，使他们能不断地挑战自我，用适合自己的方式去实现目标。所有这些都需要管理层懂得如何"下放权力"，同时也要求管理层对最终的结果负责。①为员工出色完成任务提供良好的工作环境。包括提供必要的信息，装配先进的工具设备，并建立符合本馆目标和特色的组织文化，使组织内部洋溢着社区般的友好气氛等。②根据个人的能力为馆员提供更具挑战性的目标，使馆员将压力变为动力，最大限度地挖掘其内在潜力。这种做法可以激发馆员的斗志，激励他们更出色地完成工作，使工作成为一种乐趣。例如增加一些与现任工作相关联的新任务，增派一些原来由经验丰富的老员工、专业人士甚至是管理层做的工作，还可以设定绩效目标，让员工用适合自己的方式去实现它们。

把工作设计得更有激励性，目的不在于花同样的钱让馆员做更多的工作，而是为了让更有价值的馆员发挥出更大的潜力，而其自身也会因此而获得更多的报酬，使其对自己的能力也有进一步的认识。

第四，给予图书馆馆员个人更大的发展空间。图书馆馆员在工作中，自然非常希望了解其所属环境发生的一切事情，并能够在工作中得到不断提高知识技能的机会，以满足自身安全与自尊的需要。为此，可采用以下做法：

一是为馆员提供参与管理的机会。馆员能够借此激励制度参与图书馆内的各级管理决策，以发挥其潜能，增进心理上的满足感，同时也能从中发掘、培养往更高职位发展的能力，提高工作效率。馆员参与管理有多种灵活方式，例如可以定期举行会议，设立包括馆员代表的咨询机构和顾问委员会，还可以举行座谈会，甚至可以建立合理建议制度等。

二是为优秀馆员提供继续学习深造的机会。根据心理学家马斯洛的需求层次理论，作为个体的员工除了希望有一个好的工作环境和优厚的工作待遇外，更需要不断提高自己的工作能力和综合素质，在工作中不断进步并获得足够的成就感。通过继续教育，可以提高馆员实现目标的能力，实现图书馆馆员个人价值的再生，为承担更大的责任、更富挑战性的工作及提升到更重要的岗位创造条件，同时也加强他们对图书馆的忠诚度，提升图书馆的整体素质。这种激励方法使图书馆在以后的可持续发展中充满生机和活力。

◆ 第三节　电子资源管理

一、图书馆电子资源的重要性

图书馆电子资源的重要性在于它们极大地丰富图书馆的资源种类和数量，提高服务效率和质量，并为图书馆的创新发展提供新的机遇。

第一，空间限制的突破。传统的纸质图书受到物理空间的限制，使得图书馆的藏书数量和种类受限。然而，电子资源的出现彻底打破这一限制，"电子资源以其数据量大、内容丰富、信息新颖、检索方法灵活方便等优势吸引了越来越多的读者"[①]，使得图书馆可以收纳更多、更广泛的信息资源，为读者提供更为丰富的知识世界。

第二，获取便利性的提升。相较于纸质图书，电子资源具有更高的获取便利性。它们可以在网络上被众多读者随时随地获取和利用，不受时间和地点的限制。这种便利性不仅提高读者的阅读效率，还使图书馆的服务范围得到拓展。

第三，更新速度的优势。电子资源的更新速度远快于纸质图书，能够及时提供最新的学术成果和信息，满足读者对新知识的迫切需求。这一点在科研、学术等领域具有重要意义，有助于推动我国知识经济的发展。

第四，服务智慧化的实现。智慧图书馆的建设离不开资源的智慧化，电子资源的整合与组织为用户提供清晰、快捷的使用平台，实现信息的共享和服务多样化。这有助于提升图书馆的服务质量，给读者带来更好的阅读体验。

第五，远程教育的支持。电子资源对于支持远程教育和在线学习具有重要意义。它们为师生提供丰富、可靠的信息来源和学习材料，有助于保障教育教学的正常进行。

第六，国际交流的拓展。通过电子资源，图书馆可以更广泛地参与国际开放获取运动，促进知识的自由流动和学术交流。这有助于提高我国在国际学术领域的地位，推动国内外的知识交流与合作。

第七，多元需求的满足。电子资源包括电子书籍、电子期刊、音视频、数据库等多种形式，能够满足不同用户的不同层次需求。这种多样性有助于培养全面发展的社会人才，提高全民素质。

第八，知识创新的推动。智慧服务的实现依赖于电子资源，它们支持用户的知识应用和创新，将知识转化为生产力。这有助于推动我国科技创新，实现可持续发展。

---

① 张美莉. 数字化时代高职院校图书馆纸质图书利用现状——以中州大学图书馆为例 [J]. 黑龙江畜牧兽医，2016（04）：221.

二、不同图书馆的电子资源管理实践

（一）高校图书馆的电子资源管理

随着电子信息技术的发展，高校图书馆的电子资源库的地位越发重要。相较于传统的纸质文献资源，图书馆的电子资源凭借其查询便利、资源丰富、功能强大、无时空限制等优势，逐步成为馆藏文献的重要组成部分。电子数据库及相关资源日益成为高校培养人才与提高科研教学的基本助手。通过电子资源的高效利用，科研人员能及时了解全球前沿理论与技术，因此高校图书馆越来越重视电子资源及相关数据库的建设及使用。就此，对提高图书馆电子资源建设与服务水平提出以下建议：

1. 优化馆藏数据库结构，合理使用电子资源购置经费

高校图书馆应根据自身定位和学科建设，合理把控电子文献资源的购置比例，对所购买的电子资源应该每年进行跟踪分析，综合考虑各个数据库关涉的学术前沿动态、期刊质量及数量等，并以此为对象，评估所购买数据库的重叠状况与闲置情况，为以后数据库购买策略提供相关数据支持。在经费有限的情况下，原则是优先保障强势学科，同时尽量平衡其他学科，以优化馆藏结构，合理分配购置经费。

2. 合理安排数据库培训时间，提高电子资源的利用率

因高校师生的寒暑假、教学及科研周期等特殊情况，高校图书馆的电子资源使用呈现出较强的规律性和周期性。为提高电子数据库的使用率，图书馆应该在师生使用电子资源高峰期加大已有资源的宣传和培训力度。此外，某些试用资源也应该安排在数据库使用的高峰期，并在试用前做好相关的宣传及培训，为试用数据库的购置提供有益的参考意见。

3. 大力开展馆际互借和文献传递等服务

由于高校之间学科发展、科研水平、经费配置等情况不同，图书馆购置的资源数量差距很大。对于没能力购置大量电子资源的高校来说，图书馆可以借助电

子资源共享平台大力开展馆际互借和文献传递等服务。国家电子资源共享平台有中国高等教育文献保障系统、中国高校人文社会科学文献中心、中国高等教育文献保障系统等，通过这些平台可以满足师生的科研需求。

（二）医院图书馆的电子资源管理

医院图书馆的电子资源管理更加注重专业性，因为其服务对象主要是医疗专业人员，如医生、护士、研究人员等。因此，电子资源的选择和采购更侧重于医学、药学、护理学等相关领域的专业资源。医院图书馆的电子资源管理在当今数字化时代显得尤为重要。作为服务医疗专业人员重要平台，医院图书馆不仅要满足用户对专业知识的需求，还要确保资源的质量和可用性。

第一，医院图书馆的电子资源管理更加注重专业性。由于服务对象主要是医疗专业人员，如医生、护士、研究人员等，因此，电子资源的选择和采购更侧重于医学、药学、护理学等相关领域的专业资源。图书馆需要对专业领域发展动态和前沿成果保持敏感，以便为用户提供权威、实用的信息。

第二，医院图书馆的电子资源管理关注临床实践和医学研究的需求。电子资源的选择会考虑临床指南、诊断工具、治疗方案等，以及最新的研究成果和文献。这些资源有助于医疗专业人员提高诊疗水平，为患者提供更好的医疗服务。此外，图书馆还需要关注医学研究的最新进展，为研究人员提供有力的支持。

第三，医院图书馆的电子资源管理注重个性化服务。图书馆会根据用户的专业背景、研究领域和工作需求，提供个性化的资源推荐和定制服务。通过分析用户的行为和喜好，图书馆可以推送相关领域的最新研究、经典案例和实用工具，帮助用户节省查找资料的时间，提高工作效率。

第四，医院图书馆的电子资源管理追求高效利用。图书馆会通过技术手段，如智能推荐、个性化搜索等，帮助用户快速找到所需的资源，提高工作效率。此外，图书馆还可以开展培训活动，教授用户如何高效利用电子资源，提升用户的自我服务能力。

第五，医院图书馆的电子资源管理重视法律遵从与伦理考量。图书馆会确保电子资源的合法使用，避免侵权行为，并关注用户在使用过程中的伦理问题。例如，图书馆需要制定合理的电子资源使用政策，明确用户在复制、传播和引用电子资源时的权利和义务，以确保资源的合法合规使用。

第六，医院图书馆的电子资源管理注重持续更新与长期保存。图书馆会定期检查电子资源的更新情况，确保资源的时效性。同时，图书馆还需要制定长期保存策略，确保资源的持久可用性。这包括对电子资源进行数字化处理、备份和存储，以防止数据丢失和损坏。

第七，医院图书馆的电子资源管理强调合作与共享。图书馆会与其他医疗机构、学术机构等进行合作，共享电子资源，提高资源的使用效率。通过合作，图书馆可以扩大资源范围，为用户提供更多优质的电子资源。同时，共享资源也有助于降低成本，实现资源的优化配置。

三、图书馆电子资源的健康管理

电子资源作为信息的重要载体，其存在价值取决于信息的有效性。电子资源继承信息的时效性特征，即存在失效的可能性。因此，电子资源的稳定、安全、持续运行需要一套完善的健康管理章程和手段。健康管理也是对寿命的管理。电子资源的健康管理有助于确保图书馆所提供的电子资源具备可靠性和可用性，满足读者多元化的需求；通过加强电子资源版权管理，可以保护作者和出版社的合法权益；采取高效的技术保护措施，确保电子资源在存储和传输过程中的安全性；构建完善的用户隐私保护机制，保障用户信息安全；电子资源健康管理成为图书馆在数字化时代发展的关键应对策略。

图书馆电子资源健康管理的主要策略如下：

第一，完善电子资源采购机制。选择合法可靠的资源供应商，确保所购买的电子资源符合法律法规要求，同时具备高质量的内容和服务支持。

第二，加强电子资源版权管理。制定严格的版权政策和使用规定，防止非法复制和传播，保护作者和出版社的合法权益。

第三，实施技术保护措施。采用加密、防火墙、访问控制等技术手段，保障电子资源的安全存储和传输。

第四，数据备份与恢复。定期进行数据备份和恢复测试，确保在突发事件发生时，能够迅速恢复服务，减少数据损失。

第五，评估与更新电子资源。定期对电子资源的内容质量、使用情况和用户满意度进行评估，及时更新过时或不再适用的资源。

第六，加强用户培训与指导。通过举办讲座、工作坊等形式，提高用户的信息素养，引导他们合理、高效地利用电子资源。

第七，建立应急响应机制。针对可能遇到的技术故障、网络攻击等问题，制订应急预案，确保能够快速响应并处理相关问题。

四、图书馆纸质资源与电子资源协同策略

在当今这个数字化和信息化时代，图书馆作为知识文化的重要传承中心，正面临着前所未有的挑战与机遇。随着互联网和数字技术的迅猛发展，电子资源凭借其便捷的访问方式和海量存储能力成为图书馆不可或缺的一部分。纸质资源作为传统的知识载体，依然在保存文化遗产和提供深度学习体验方面扮演着关键角色。如何有效整合这两种资源，使它们在文化传承中效能最大化，已成为图书馆管理者和学者亟须解决的问题。

（一）图书馆纸质资源与电子资源协同发展的意义

1. 增加资源丰富度

从信息获取的角度来看，纸质资源与电子资源的协同发展可以拓展用户的阅读选择。例如，某些历史文献仅以纸质形式存在，而通过对纸质历史文献进行数字化处理，可以使这些珍贵资源转化为电子版，促使更广泛的用户群体可以访问到这些信息。电子资源的引入也为图书馆提供更加多元化的收藏策略，使图书馆能够快速响应社会信息需求的变化。此外，纸质资源与电子资源的融合也有助于提升图书馆的信息组织与管理能力。电子资源的管理平台可以为纸质资源的分类、检索和借阅提供技术支持，使资源管理更为高效。且通过数字技术，图书馆可以对纸质资源进行数字化存储和保护，延长这些资源的使用寿命，为其未来的研究提供更丰富的数据基础。

2. 提高信息获取效率

图书馆作为获取信息的重要场所，其资源类型和获取方式会直接影响信息的流通速度和效率，因而纸质资源与电子资源的协同发展，对于提高信息获取效率有显著意义。首先，将纸质资源与电子资源结合能够极大程度地提高信息检索的速度和准确性。电子资源可以通过先进的搜索引擎和多样的检索工具，使用户能够快速定位所需信息。这一点对于研究人员和学生而言尤为重要，他们可以节省大量寻找和筛选纸质资料的时间，从而将更多时间应用于深入研究和学习。其次，在纸质资源与电子资源协同发展的过程中，电子资源的可访问性可以提高信息的获取效率，可以通过网络远程访问电子版纸质资源，这也意味着用户可以在任何时间、任何地点获取所需信息。

3. 促进知识共享与传播

图书馆作为知识传播的重要节点，在纸质资源与电子资源协同发展的过程中，扮演着促进知识传播与共享的关键角色。这种协同发展不仅可以拓宽知识的传播渠道，还可以增强图书馆在信息时代的功能和影响力。

电子资源的普及可以使知识共享更为便捷和广泛，随着电子资源的引入和网络技术的发展，图书馆可以通过数字化平台为更广泛的受众提供服务。而电子书籍、电子期刊、数据库等资源则可以通过互联网传播，极大地拓展知识的接触面及其影响范围。

纸质资源与电子资源的协同发展，可以促进跨学科和跨文化的知识交流。图书馆通过收集和提供多语种、多领域的资源，能够为不同背景的用户搭建知识交流平台。这种跨界的知识共享不仅有助于增进不同学科和文化之间的理解与融合，也能够促进新知识的产生和创新思想的碰撞。

4. 提升用户体验

纸质资源与电子资源的协同不仅体现在资源的多样性和可获取性上，还体现在服务方式与环境的改善上，二者协同发展使图书馆成为一个更亲切、高效、便捷的学习和研究平台。

纸质资源与电子资源的结合也为人们提供多样化的阅读选项，可以满足不同用户的需求。一些用户偏好纸质书籍带来的阅读体验，非常享受翻阅实体书的感觉，而另一些用户则更倾向于使用电子资源，享受快速检索和便携阅读带来的便利。因此，图书馆通过提供两种资源，能够更好地满足这两类用户的需求，提高用户满意度和忠诚度。

此外，图书馆的数字化转型也可以优化其内部环境和氛围。现代化图书馆不仅仅是书籍的堆砌地，更是一个融学习、研究、交流与休闲为一体的综合空间。舒适的阅读区域、先进的电子阅读设备、便捷的自助服务设施等，都可以提升用户的整体体验。

（二）图书馆纸质资源与电子资源协同文化传承的策略

1. 改进纸质资源管理和利用方式

（1）提升纸质资源的整理、保存和展示能力。为了提升对纸质资源的整理、保存和展示能力，图书馆可以采取多种策略。在整理方面，可以利用先进的分类和编目系统，如 MARC 记录①，确保对纸质资源的准确和高效管理。且这种系统不仅能够提高检索效率，还有助于维护和更新藏书目录。在保存方面，应把重点放在保护纸质资源免受物理损害和环境影响上，如合理控制存储环境的温湿度，使用酸性的保存材料，定期进行保护性维护。在展示方面，图书馆可以对展示策略加以设计与创新，进而提升用户的参与感和兴趣。包括定期举办主题展览、开展教育活动，以及利用数字技术，如增强现实（AR）或虚拟现实（VR）技术，来丰富传统纸质资源的展示方式。通过这些方法，图书馆不仅能够更好地保护和利用纸质资源，也能够提升用户的体验和参与度。

（2）纸质资源数字化，方便用户获取和利用。纸质资源的数字化不仅有助于保存珍贵的纸质文献，还能极大地方便用户获取和利用。为实现这一目标，图书馆需采取一系列综合性措施。首先，应当制订一个全面的数字化计划。这个计划

---

① MARC 记录，全称 Machine Readable Cataloging（机器可读目录），是一种用于图书馆自动化系统的标准化数据格式。它允许图书馆创建一个数字化的、可交换的书目记录，这些记录通常包括关于图书和其他图书馆材料的基本信息，如标题、作者、出版日期等。MARC 记录的主要目的是便于计算机处理和交换图书馆资源的数据。

应包含对不同类型纸质资源（如书籍、手稿、地图等）的详细扫描标准、文件格式、元数据标签化，以及质量控制流程。通过使用高质量的扫描设备和图像处理软件，可以确保数字副本的清晰度和细节保真度，也是实施这一计划的核心。同时，为了保证数字资源的长期可用性和安全性，图书馆需要在数字资源的存储、备份和版权管理方面采取妥善措施，对于一些版权受限的材料，应当采取适当的访问控制措施。

2. 推动电子资源的开放共享与交流

（1）加强数字图书馆和数据库建设，提升电子资源的存储与检索能力。

第一，构建一个功能强大、用户友好的数字图书馆平台需要投入先进的技术基础设施，包括高性能的服务器、稳定可靠的数据存储系统，以及高效的网络安全措施。

第二，在提升检索性能方面，图书馆需要采用高效的搜索引擎技术，使用户能够通过关键词、作者名、主题等多种方式快速准确地检索到所需资源。并且用户界面的设计应注重简洁性和直观性，确保各类用户都能轻松导航和使用系统。此外，对于数据库的构建，图书馆应集中于建立全面、多样化且定期更新的电子资源库，包括电子书籍、学术期刊、研究报告等多种类型的资料，以满足不同用户的需求。

（2）提供电子资源的在线学习和研究工具，支持用户的知识获取和交流。在线学习工具，如电子阅读器、互动教程和网络课程，能够帮助用户更有效地利用电子资源进行自我学习和研究。研究工具，如参考管理软件、数据分析平台和在线协作工具，能为学者和研究人员提供强大的支持，使他们能够有效组织和分析信息，并共享研究成果。此外，图书馆可以开发或引入在线论坛和社交媒体平台，以促进用户之间的互动和知识共享。这些平台能够为用户提供一个交流想法、讨论问题和分享研究成果的空间，进一步增强学习体验的社会性和互动性。通过提供这些在线学习和研究的工具，图书馆不仅能够增强电子资源的实用性，还能够激发用户的学术好奇心和探索精神，有效支持文化传承和知识的广泛传播。

3. 加强纸质资源与电子资源的融合利用

（1）提供多元化的借阅和阅读服务，满足用户的个性化需求。加强纸质资源与电子资源的融合利用并提供多元化的借阅和阅读服务不仅涉及传统的纸质图书借阅，还包括对电子书籍和在线期刊等电子资源的访问。

为了满足用户的个性化需求，图书馆可以采取多种措施，例如提供在线访问权限，使用户能够远程访问电子资源。并且，图书馆可以开发或引入先进的借阅平台，让用户能够在纸质书籍和电子书籍之间轻松切换，包括电子书阅读器的租借服务，以及提供预约和咨询服务的线上平台。图书馆还可以利用算法为用户推荐阅读材料，根据他们的阅读史和偏好为其提供个性化的内容。这种定制化的服务不仅可以提升用户的阅读体验，也有助于提高图书馆的资源利用效率。

为进一步加强服务的多元化，图书馆还可以开展特定主题的阅读活动，例如线上讨论会、作者交流会和阅读挑战赛。这些活动可以将纸质和电子资源结合，通过提供一个平台来让用户分享他们的阅读体验和见解，从而增强社区之间的交流和合作。通过上述措施，图书馆能够有效整合纸质和电子资源，提供全面且个性化的服务，满足不同用户群体的需求。

（2）开展线上、线下的文化传承活动，促进纸质资源和电子资源的互动与结合。例如，线下可以举办主题展览和阅读会，展示珍贵的纸质藏品并提供相关电子资料以供参考；线上可以以虚拟展览和网络研讨会的形式，使用户即使身处远端也能体验和学习。这种线上与线下结合的方式不但能够扩大活动的覆盖范围，还能够吸引更多参与者。

此外，图书馆还可以利用数字技术如增强现实和虚拟现实来丰富纸质资源的展示方式，为用户提供更加生动的互动体验。这种技术的应用不仅增加纸质资源的吸引力，也拓宽电子资源的应用范围。通过这些创新活动的开展，图书馆能够更有效促进纸质资源和电子资源的互动与结合，进而增强文化传承的活力和影响力。

◆ 第四节　设备资源管理

一、图书馆中设备资源的重要性

在数字化、信息化飞速发展的今天，图书馆的设备资源已经成为衡量其服务质量与水平的重要指标。图书馆设备资源是指图书馆为满足读者需求，提高服务质量和效率，配备的各种硬件和软件设施。它包括传统的图书、期刊、报纸等纸质资源，以及电子图书、数据库、网络资源等数字资源。此外，还包括计算机、打印机、复印机、扫描仪等办公设备，以及自助借还书机、安全门禁系统、监控系统等智能化设备。

第一，提高图书馆服务质量和效率。图书馆设备资源是图书馆开展各项业务的基础和保障。先进的设备资源可以提高图书馆的服务质量和效率。例如，自助借还书机、电子阅览室等设备的投入使用，使读者在借阅、阅读、检索等方面享受到更加便捷、高效的服务。同时，图书馆工作人员也可以从烦琐的日常工作中解脱出来，将更多的精力投入深层次的服务中，如参考咨询、阅读推广等。

第二，促进图书馆资源的共建共享。图书馆设备资源的共建共享是图书馆事业发展的必然趋势。通过联合采购、共建数据库等方式，图书馆之间可以实现资源的互补和共享，提高资源的利用效率。此外，图书馆还可以与其他文化机构、教育机构合作，共同开展线上线下活动，为广大读者提供更加丰富多样的文化服务。

第三，满足读者多元化需求。随着社会的发展，读者的需求日益多元化。图书馆设备资源的丰富和优化，可以满足读者在学术研究、知识普及、休闲娱乐等方面的需求。例如，电子图书、数据库等数字资源可以满足读者远程阅读、在线学习的需求；多媒体设备、创客空间等可以满足读者创意实践、社交互动的需求。

第四，推动图书馆事业的创新发展。图书馆设备资源的创新应用，可以推动图书馆事业的创新发展。同时，图书馆还可以通过线上平台、移动应用等渠道，拓展服务范围，提高服务影响力。

二、图书馆设备资源的类型与管理

（一）图书馆的常规设备

图书馆的常规设备主要指传统的、常用的家具设备，主要包括：

1. 藏书设备

藏书设备以书架为代表，根据不同的特点可以划分为不同的类别：

（1）根据制作材料，可分为木书架、钢书架、钢筋混凝土柱书架、塑料书架铝合金书架等。不同的材料制成的书架造价不同，强度不同，用途也不同。

（2）根据书架的结构，可分为层架式书架、分层叠架式书架（积层书架）以及叠架式书架。层架式书架指每一个结构层只安排一层书架，使用灵活，在房间内部可以随时调整存放地点，具有较大的优越性，因而常为各馆选用。分层叠架式书架即每一个结构层安排两层书架。叠架式书架即数层书架叠置起来的多层书架，因不利于防火，已少采用。此外，还有一种悬挂式书架，即书架不是放在楼板结构层上，而是吊挂在顶棚结构层上，也可以在一个结构层悬挂两层或多层书架。

（3）根据书架的灵活性，可分为活动书架和固定书架。放在楼板上可以随时移动的称为活动书架，固定在楼板（或顶棚）结构层上，不易移动的称为固定书架。

（4）根据书架架距的标准，可分为普通书架和密集书架。按常规架距排列的称为普通书架，在储备书库按密集架距排列的称为密集书架，密集书架是一种组合书架，它是平行靠拢安装在轨道上，使用时可以任意移动开一条行道取书。密集书架又分为手动和电动两种。手动书架用手摇动把手，使书架拉开距离，以便取书；电动书架是按动电钮通过电动机的驱动技术使书架自动拉开距离。

2. 阅览设备

阅览设备主要是阅览桌椅、阅览椅期刊架。

（1）阅览桌。学生常用的是双面四人或六人桌，教师、研究生常用的是单人桌、双人桌，有时也用四人桌。研究厢里通常是配备特制的单人桌，桌上可以附设小书架和台灯，还可以附设视听开关。阅览桌要求桌面坚硬、平整、耐用，易于擦拭。桌面颜色宜素洁，以符合阅览的心理要求。阅览桌也可以局部（桌腿、桌面、四边）采用钢材、塑料、铝合金等制作。

（2）阅览椅。一般为木质，也有塑料椅、竹椅、藤椅，或局部钢质座椅。阅览室还常用软席椅和扶手椅，并宜在阅览区内附设少量休息用沙发。阅览椅要求舒适稳当，坚固耐用，轻便灵巧、挪动方便并没有声响。

（3）期刊架。主要指陈列现刊或过刊的架子。收藏合订本过刊的期刊架可以利用普通书架。期刊架主要有水平陈列式、竖向陈列式和斜向陈列式等三种。水平陈列式是在普通书架隔板上加竖隔板，把每册期刊依次平放在被竖隔板隔开的隔板上。这种期刊架由于陈列效果不明显，只适用于闭架式或不常用的期刊使用。竖向陈列式是把期刊立插在格子里，格子呈锯齿形（台阶式），读者可以看到刊名，便于期刊开架陈列，但容量不大。斜向陈列式设有倾斜的隔板，可以把期刊的整个封面展示出来，上下隔板的倾斜度还可以不同，使下部接近水平，以适应人的视线。为了把同一杂志的新到现刊与近期未装订期刊陈放在一起以便查阅，还可以使倾斜隔板能抬起来推向后上方，里面设置书格，存放近期未装订期刊。

3. 服务设备

服务设备主要有目录柜和出纳台。

（1）目录柜。目录柜是承载读者目录和公务目录的设备，它主要由目录屉组成。目录柜通常是放在底座或台桌上，有的还附有抽板。目录柜竖向和横向的屉数不同，常见的有横三层、竖三格，横五层、竖三格到竖六格不等。一般来说，藏书量大，卡片多且读者不太集中的图书馆可以选用竖向格数多的目录柜。反之，藏书量小，卡片目录少的图书馆则可以选用竖向格数少的目录柜，甚至有的小型图书馆将目录屉敞开，固定地排列在桌面上，成为一种目录台，或做成目录盘放在台桌上。

（2）出纳台。读者服务、咨询等所需出纳台，要有足够的长度和工作面，出纳台可分固定式和组合式两种。固定式使整个出纳台形成一个不可拆卸的整体，有的还固定在地面上，但这种做法失去了移动的灵活性，出纳台多用木质材料制作，或塑料贴面，或钢筋混凝土加水磨石、大理石等贴面。组合式出纳台由各种不同功能的单元所组成，它可根据需要变化，灵活拼装，它的单元形状一般为矩形和转角两种，可以布置不同的形状。如果布置在阅览室的中心位置，还可以布置成六角形或八角形。

（二） 图书馆的技术设备

图书馆的技术设备可分为电子计算机、文献复制设备、视听设备、传递设备、文献存贮、检索设备等。

1. 电子计算机

为了实现图书馆自动化，图书馆必须有计划有步骤地采用电子计算机。在图书馆工作中，电子计算机可以应用于很多方面，具体应用包括：

（1）计算机在采访中的应用。电子计算机协助图书馆快速录入和审核出版社、作者、出版日期等信息，实时监控库存和需求，确保采购准确性。

（2）计算机在分编中的应用。计算机技术帮助图书馆快速分类、编目和著录，通过软件实现统一管理和加工，提高分编效率和质量。

（3）计算机在文献检索中的应用。构建数据库和联机检索系统，缩短检索时间，支持多语种、跨数据库检索，拓宽读者范围。

（4）计算机在书刊流通中的应用。通过自动化管理系统，实时监控借阅、归还、预约等信息，便于读者查询，智能调度提高流通效率。

（5）计算机在行政管理中的应用。计算机技术助力图书馆提高日常管理水平，统计数据和分析绩效，支持人力资源科学化、规范化管理。

2. 文献复制设备

文献复制设备是一种现代化的复制技术，其起源可以追溯到 20 世纪初。随着科技的发展，尤其是电子技术的崛起，文献复制设备得到了迅速的发展。文献复制设备的应用，极大地提高了文献的复制速度和质量。相较于传统的手工抄写、拍照等方式，文献复制设备不仅效率更高，而且复制质量更加稳定，有利于图书资料的长期保存。此外，文献复制设备还可以满足读者对文献的个性化需求，如复印件、缩微胶片等，为学术研究和文化交流提供支持。

随着信息技术的不断进步，文献复制设备在现代图书馆中的应用也日益广泛。除了基本的复制功能外，现代图书馆的文献复制设备还具备网络预约、自助复制、数字化处理等功能，以满足读者多样化的需求。在未来，文献复制设备将朝着更加智能化、环保化的方向发展，为图书馆提供更加高效、便捷的服务。

为了确保文献复制设备的正常运行，图书馆需要对设备进行定期的维护与管理。这包括清洁、保养、故障排查等工作，以延长设备的使用寿命，确保复制质量。同时，图书馆还应对复制服务进行合理的管理，如设定复制权限、监控复制进度等，以防止文献的非法复制和传播。

3. 视听设备

视听设备，又称声像设备，是以记录和再现声音和图像信号为手段的一种设备，包括录音机、录像机、电视机、电唱机、复录机、幻灯机、投影仪及放映机等。这些设备通过播放各类音视频资料，为读者提供了丰富多样的信息服务，满足了他们在学术、文化、娱乐等方面的需求。

（1）视听设备在图书馆的学术服务方面发挥了重要作用。图书馆可以利用视听设备播放各类学术讲座、研讨会等音视频资料，使读者能够在馆内直接聆听和观看这些宝贵的学术资源。这不仅有助于提高读者的学术素养，也有利于推动学术研究的传播与发展。

（2）视听设备在图书馆的文化传播活动中也发挥着重要作用。图书馆可以利用视听设备播放各类文化艺术作品，如电影、音乐、戏剧等，使读者在馆内就能感受到文化的魅力。这种形式的文化传播，不仅能让读者更加深入地了解和欣赏文化艺术作品，也有助于提高他们的审美素养。

（3）视听设备还为图书馆的娱乐服务提供了可能。图书馆可以利用视听设备播放各类影视剧、综艺节目等，为读者提供休闲娱乐的场所。这使得图书馆不再是传统的学术殿堂，而是一个充满活力的文化交流空间。

4. 传递设备

为了减轻工作人员取送书刊的体力劳动，缩短读者等候时间，在大中型图书馆的闭架库可以设置机械化、自动化的水平和垂直传送设备。

（1）水平传递设备。水平传递设备是书库内部或书库列出纳台之间水平传送工具。常见的有电动书车，即利用电动机牵引运书小车传送图书。悬挂式书车，即利用出纳台与书库的上部空间作为水平运书路线，悬挂书斗，以电动机为动力，通过悬挂导轨或采用金属链条作导引进行传送；图书传送带，即在出纳台和闭架书库之间设置的一种连续循环式的传送图书设备。

（2）垂直传送设备。垂直传送设备是多层书库纵向之间的传输工具，常用的有：人力书斗，即利用滑轮提拉小书车垂直运送书刊；电动书梯，亦称升降机，一般是利用电梯厂生产的小型杂物梯改装而成；链式垂直传送机，它是由电动机带动一条封闭的环形铁链，由挂在链上的一系列耙形书斗，随链的上升或下降转动，进行连续性传送图书；库内电梯，多为大型、多层书库采用。高层建筑也可设置载人电梯。

（3）混合机械传送设备。混合机械传送设备是把水平传送和垂直传送结合起来，以便把任何一层楼上的书刊直接传送到出纳台，适用于大型图书馆的闭架书库。此类设备在国外较早采用，常见的有两种：①轨道式，书车随着轨道或升降或平移，将书从任何一层连续运送到出纳台。②链条式。即将耙形书斗挂在一条环形铁链上，随着铁链的转动，书斗或上或下或平移，将书从书库运送到出纳台。

（4）自动化传送设备。国外已有完全自动化的机械手取送书设备。它是利用电子计算机通过控制台发出指令，把需要的书刊从架上取出，并迅速传送到出纳台。

5. 文献存贮、检索设备

书刊资料在过去是以纸张为载体，通过手工检索，计算机出现以后，存贮、检索技术不断发展，目前已可以实现数据库、磁盘、激光盘、录像盘等自动存储和检索。

此外，在图书馆中使用的设备还包括图书防窃装置、监测装置、空调设备、自动消防装置（报警、灭火）、事故照明灯，以及中外文打字机、油印机、打孔机、计算器、装订器、书车等。

（三）图书馆智能穿戴设备管理

1. 图书馆智能穿戴设备的技术解读

图书馆智能穿戴设备采用了多种先进技术，以提供个性化、智能化和高效化的图书馆服务。其中一些关键技术包括：

（1）传感技术。智能穿戴设备使用各种传感器，如加速度计、陀螺仪和心率传感器，以收集用户的身体数据和环境信息。这些传感器可以监测用户的活动、心率、体温等参数，从而实现更精准的个性化服务。

（2）增强现实技术。智能眼镜等设备可以使用增强现实技术，将虚拟信息叠加到现实世界中，为用户提供导航、定位和相关资源的实时展示。借助增强现实，用户可以在图书馆中更快速地找到所需的书籍和资料。

（3）数据分析和机器学习。智能穿戴设备利用数据分析和机器学习算法，对用户的兴趣、借阅历史和阅读行为进行分析和推断。这些技术可以为用户提供个性化的图书推荐和服务提醒，提升用户体验。

（4）生物识别技术。智能穿戴设备可以使用生物识别技术，如指纹识别、虹膜识别等，进行身份验证和访问控制。这些技术可以确保只有授权用户才能使用特定的图书馆资源和服务。

2. 图书馆智能穿戴设备的功能

（1）智能导航。目前，图书馆的借阅服务以读者自助式的借阅方式为主，这种方式使得读者有较大的自主选择性。智能穿戴设备在图书馆的应用不仅仅局限于定位书籍、帮助读者寻找图书，在图书馆举办展览、讲座、沙龙等交流活动时，读者也可以通过智能穿戴设备及时获取相关信息、捕捉并存储影像画面。

（2）全民服务。享受公共文化设施与服务是我国全体公民共同享有的权利，智能穿戴设备的出现与运用能够有效缓解这一不平等的状况，使得弱势群体借助智能穿戴设备也能够像正常人一样获取和享受图书馆的信息与服务。如智能穿戴设备通过安装具有识别功能的摄像头向佩戴眼镜的有视力障碍的特殊人群用语音播报他们所指向的任意事物，帮助盲人或视力有障碍的患者通过听觉来"看"世界；手指阅读器能够让患有视觉障碍的用户通过指尖的触觉来听图书，特别的是，当使用者的手指不在水平线上移动时，阅读器会发生震动以此纠正使用者手指放置的位置。这些智能穿戴设备的发明与应用有力地推动弱势群体利用图书馆的频率和效率，为图书馆实现真正的全面服务提供物质及技术上的保障。

（3）精准服务。图书馆为读者提供精准、个性、智慧的信息服务是民心所向。这种智慧服务的最终实现是建立在对读者充分了解的基础之上的，只有充分了解和掌握读者的个性化需求，尤其是在特定时间节点的即时性读者需求，图书馆才能为读者提供具有创新性和个性化的知识服务。智能穿戴设备深度融合了传感技术，以其强大的人机交互能力使得它相较于其他设备有着不可比拟的优势，利用数据存储、人机感应技术，它可以实时记录、存储和分析用户的位置、行为及健康数据等信息，并结合算法进行大数据分析，这种融合情境的数据分析方式能为读者提供更加丰富精准的服务。传统图书馆往往通过馆舍门禁系统、自助借阅终端以及数字图书馆终端等系统中的用户日志来收集读者信息，智能穿戴设备的出现不仅彻底改变了传统图书馆获取读者行为信息的方式，还增强了图书馆与读者的交互性。

总之，智能穿戴设备在图书馆中应用能够丰富图书馆服务内容，扩大图书馆服务对象，加深图书馆服务层次。目前，图书馆出于经费不足以及智慧环境不成熟等原因还没有广泛使用智能穿戴设备，但以其能够为读者提供融入情境、深入精准服务的特点，相信能够在图书馆智慧化转型中发挥更大的价值。

3. 图书馆智能穿戴设备的实施方法

（1）构建图书馆设备综合管理平台，记录图书馆内各设备分布情况、基本参数、硬件配置、设备购买及维修历史，构建一个完整详备的设备管理数据库。

（2）利用网络服务，将数据库数据对外发布，发布后设备运维人员可以通过智能穿戴设备快速获取设备的详细信息及故障历史，从而快速处理设备故障。

（3）应用部署成功后，即可在智能穿戴设备上运行应用。以自助复印机为例，复印机的设备编号、类型、管理人、IP、故障及处理方法全部都会浮现在智能穿戴设备使用者眼前、自助复印机的上方，并且由于智能穿戴设备使用的空间感知定位技术，无论使用者的位置怎样变动，运维信息的显示都会固定在同一指定位置，方便运维人员查看并进行故障排除。

（4）使用效果及问题。在使用过程中，智能穿戴设备自身的强大功能，给图书馆设备运维工作带来前所未有的良好体验。①它可使设备运维人员熟悉设备的故障历史记录及对应的维修方法，从而辅助图书馆设备运维；②由于智能穿戴设备是独立的穿戴设备，无线缆及外部配件，解放双手，同时它的空间扫描和成像方式都能够使人实时感受到顺畅、真实的交互感，在感知物理环境的同时自然获取数字信息，用户睁眼即可看到效果，抬手即可操作。

总之，智能穿戴设备向我们昭示一种智能终端更加集成化、操作更便捷的未来。未来随着技术的成熟，图书馆就会有能力购置更多的智能穿戴设备，可以实现更多更好的应用，开展更多样化的读者服务。为了推动图书馆服务的发展和创新，作为图书馆工作者，我们既要跟进新技术的发展，从满足读者需要出发，解放思想，又要审时度势，结合图书馆技术能力、基础及实际需求来运用新技术。作为先进的科技产品，智能穿戴设备在图书馆领域无疑将有广阔的应用前景，今后还有待图书馆工作者进行更深入的发掘。

三、高校图书馆设备管理的优化对策

高校图书馆设备管理工作十分重要，在当前数字化环境下，搞好设备管理工作已成为高校图书馆管理工作中的主要内容，其不仅能为学生提供更加优质的服务，也可以通过各种先进技术以及创新图书馆配置，以数字化高校图书馆的形式提供更加便捷的阅读方式，实现学术资源共享，解决资料获取困难的问题。图书馆资料具有实用性，为了提升高校图书馆资料保存水平，要促进数字化与传统高校图书馆之间的有机融合，保证高校图书馆建设符合时代发展需求。

（一）高校图书馆设备管理的重要性

第一，增强竞争能力。设备的日常使用管理是一项综合性的管理工作，设备管理可以通过信息技术将各类管理信息共享，在建设完成后能够减少管理人员的工作难度，设备采购及检测维修中可结合实际需求快速搜索信息，从而增强高校图书馆的综合竞争能力，推动高校图书馆建设实现可持续发展。

第二，增加设备寿命。高校图书馆资料管理涉及的内容较多，不仅包含各类学术信息，还包含人文字画等艺术品，是高校发展的重要组成部分，而设备管理则是对此类信息资料进行保护的主要内容。因此，健全管理机制，结合数字化手段将设备管理数据纳入信息库中，可在设备管理过程中强化体制与制度，保证设备能够长期得到维护、保养和检修，在此基础上提高各类设备存档备份的精确性，降低运营出现的设备损失，增加设备的使用寿命。

第三，提高服务质量。高校图书馆的设备由学校设备管理部门实行统一宏观管理，由于设备种类繁多，管理部门先需要对全部设备进行编号、登记、验收，才能够切实发挥出管理作用。图书馆设备包括多媒体、监测仪、电脑、书架等常用信息设备，也包括图书架、阅览桌椅等物品，设备管理包括图书馆中的全部内容，但当前部分高校对图书馆的设备有所忽视，降低了整体服务质量。图书馆纸质资料数量繁多，学术资料及相关研究日积月累体积巨大，开展设备管理工作则可以有效解决无法长期保存的问题，不仅能够提升学生、教师的满意度与服务体验，且能够最大化避免资料原件损坏，显著提高资料管理水平与管理质量。

（二）高校图书馆设备管理的发展特性

设备管理是节约发展的基石，亦是高校图书馆迅速发展的关键因素。尽管现有的传统设备资源尚无法满足读者的全部需求，但可通过协同新型设备资源共同为读者提供服务。

高校图书馆在进行设备管理时，需要对各类电子刊物阅读设备、多媒体设备、监测仪、电脑等加大关注，利用云信息技术储存和传输，缩小图书馆设备管理中的信息差，并且在当前数字化时代，可以按照特定的信息查找所需设备当前使用信息，使高校图书馆设备能够长期应用。

高校图书馆设备管理也离不开相关部门的组织和安排，因此高校应发挥组织和管理的作用，在有关部门的指导下制定统一的管理标准，依托高校内各部模拟的有效配合，建立专门的职能所属管理部门，做好设备的检修、维护与保养工作。对于风险较大的设备，则要加强长期保存的风险管控，建立完善的管控措施，全面提升设备管理能力。

（三）高校图书馆设备管理工作的具体对策

1. 加强规范化

加强规范化，要以传承数字文化资源为目标，以此作为建设和发展的首要目标，应做到资源储存部门有统一的目标，建立统一的管理制度，要按照统一的管理制度和策略，加强各个设备管理信息的共享，有条不紊地开展后续采购工作。在高校图书馆设备管理工作中，也需要建立科学有效的工作运行模式，制定系统性、整体性的设备管理机制，如学习县级、市级、省级、国家级图书馆机构的设备管理方法，将管理过程中，各个主体进行责任分工和管理分工，在此基础上制定完善设备管理策略，这样的划分能够明确各设备使用的责任，提高设备管理工作的质量。

2. 合理进行设备编制

高校图书馆设备管理编制工作必须由专业人员亲力亲为，要对全部设备进行明确分类，如电子设备包括多媒体、阅读显示器、电脑、智慧服务向导等；传统设备包括图书书架、阅览桌椅、电梯等；监控设备包括红外线监控、人员进出检测设备、图书借取记录设备等，要求在管理中对各设备进行编制，明确不同设备的管理标准，要求记录时对相关数据信息进行整理后保存，建立完善的设备管理机制，同时，在设备管理编制中要统筹兼顾、统揽全局，使设备的利用率得以提高。同时，在实际执行过程中可以从设备引进方面入手，使图书馆具备较完善的、全方位的图书馆公共服务设施，以前瞻性的眼光做好设备管理的统筹规划，从而进一步提高图书馆设备的应用效果。

3. 配置相应的管理设备

高校图书馆服务职能的弱化，决定了其面临的不仅仅是被动的改革，在当前数字化环境下，若想加快设备管理与维护，必须着眼于需求及服务方面的改革，保证数字化建设能够契合发展需求。因此，在设备管理中必须将改革重点放在图书馆内部的硬件设施，结合实际配置相应的管理设备，并更新所需搭载的软件模块，为管理创新提供有效的支持。在此基础上，依据自身实际发展状况与社会发展趋势，不断加大对资料信息化管理的经费投入，可从物质与技术上双重支持资料信息化管理工作顺利开展，建立设备管理资源库，根据各部门实际情况配置先进的管理设备与管理软件，细化设备的维护时间、维护事项以及安全防护措施，从而进一步降低图书馆设备消耗的成本，使设备管理更加精细化。

4. 加强工作人员队伍建设

数字化时代背景下，高校图书馆工作人员需要具备优秀的思想素质，需要了解新时期的社会主义发展路线，进而凸显自身的服务效果。工作人员在工作过程中，应当注重不断地自我提升与充实，要求具备一定的发展观念，积极了解对图书馆论述提出的核心内涵。同时，高校培养具有修复技能以及保护设计的双技能型人才，确保高校图书馆的设备工作能够进一步提高服务质量。高校图书馆要为员工提供丰富的培训和轮岗机会，在培训中加强自身管理能力，职工干部群体必须体现出新时期勇于担当的形象，帮助其他管理人员进行更加具有针对性的学习提升，从而促使管理队伍不断发展壮大。

5. 完善设备清点工作

图书馆要有目的地对设备资产进行定期的或不定期的清查，不定期地采用抽样清查并做好详细登记，从而减少盲目投资造成的浪费问题。在设备管理维护中要持之以恒，主动进行设备维护和保养，因此，要立足本馆实际的原则，建立、健全设备管理的规章制度，馆长是第一责任人，部门主任或分组组长是第二责任人，要时刻注意图书馆各类设备的实际情况，结合当前现状完善管理制度体系，实事求是地将每项制度的最后执行权落实到人。同时，图书馆运行中会不断有新设备入馆和旧设备淘汰，因此，要根据不同种类的设备性能和使用情况，可实行层级管理责任制对设备进行针对管理，淘汰后的设备需要上报后进行相应的处理，不可私自淘汰设备及采购设备，保证图书馆设备资产不受威胁。

第四章 公共图书馆资源建设的实践应用

◆ 第一节 公共图书馆的地域文化资源建设

"地域文化是在一定的地理环境中形成的，由特定人群积累并传承的具有独特性和地方代表性的文化。"[①] 随着文化强国战略的提出，开发地域文化资源、实现其现代化传承成为当前推动我国文化事业与产业发展的重要课题。公共图书馆长期以来承担着文献资源收集、整理、存储、传播和服务等功能，有着丰富的地域文化馆藏资源，具有天然的地域文化传播优势。

一、公共图书馆推广地域文化资源的意义

公共图书馆作为现代文明发展的物质载体，理应承担地域文化传承的重任，充分发挥自身的文献资源传播、服务功能，让更多人领略地域文化的魅力，促进地域文化的弘扬与发展。

（一）有助于提升公共图书馆的文化服务能力

随着信息技术的发展，线上电子阅读逐渐取代传统的纸质阅读，对公共图书馆的生存发展提出了全新的挑战，公共图书馆必须顺应时代发展趋势，及时调整自身的功能与角色定位，深入挖掘用户的个性化阅读需求，采取创新化形式进行阅读推广，切实提升自身的公共文化服务能力，向用户提供更多优质的图书资源。地域文化资源作为公共图书馆的特色文献资源，既体现着地方社会文化发展的历程，也体现着公共图书馆资源收集与文化供给的能力。通过推广地域文化资

---

① 马春梅. 图书馆的地域文化传承担当［J］. 中学地理教学参考，2023（08）：90-91.

112

源，公共图书馆能够切实提升特色资源供给能力，打破以往单一的图书借阅限制，提供更加精准多元的阅读服务，更好地发挥公共文化服务功能。

（二）有助于地域文化的传承与发展

地域文化资源是我国重要的非物质文化遗产，对研究地域民风民俗、开发地域文化产业、传承民族精神与地域文化思想具有重要价值。但是，在时代发展过程中，地域特色文化资源受到城市化、信息化发展等影响，其传承路径逐渐变窄，面临消亡危机，亟待政府部门与专业机构加以保护。公共图书馆作为社会影响力良好的文化机构，有着广泛的受众基础，能够将地域文化资源以新颖的形式重新呈现给大众，让他们充分领略地域文化的深厚魅力，主动研究学习相关文献，实现地域文化资源的最大化开发利用。比如，公共图书馆依托数字技术打造立体式地域文化传播平台，开发特色文创产品，推动地域文化的现代化传承与保护。

（三）有助于文化服务模式的创新发展

1. 建立长效化建设机制，实现开发与保护的内在平衡

地域文化资源作为宝贵的文化遗产，对于传承民间传统文化、弘扬民族精神具有重要意义。在新时代背景下，公共图书馆开展地域文化建设时，既要立足长远发展，采取有效的宣传推广手段，发挥地域文化的特色优势，也要注重与经济、社会、环境的协调发展，加强对地域文化资源的保护，以实现可持续发展。

（1）公共图书馆应构建长效化的建设管理机制，规范文献资源的保护标准，明确工作人员职责，并投入充足的资金和设备，以确保地域文化资源得到有效保护，实现可持续开发利用。

（2）积极利用数字化信息技术，将实体文献资源转化为虚拟化、可视化的数字资源库，借助三维立体技术重现珍贵的历史文化资源，激发地域文化活力，给公众带来新颖的服务体验。

2. 加强文化内涵挖掘，打造专题式文献资源馆

在地域文化资源的开发过程中，应注重特色化符号形式的打造，突出不同资

源的特点，以增强阅读吸引力，丰富公共图书馆的文化资源。

（1）对现有地域文化资源进行深入研究和探讨，将其划分为多个不同类型的专题资源，并探讨各专题资源的开发深度。

（2）根据划分的专题类型，广泛收集符合主题的资源内容，并考虑与其他资源共同建设的可能性，全方位挖掘地方特色文化资源，使专题内容更加丰富多元。以"口述历史"为例，可以根据口述主体的不同衍生出多个相关专题，如非遗传承的口述、文学家的口述、农村劳动者的口述等。

3. 整合各地文献资源，协调开发区域文化资源

针对各地文化资源分布不均衡的现象，公共图书馆应全面整合自身的资源类型与内容，结合馆藏资源优势挖掘地域文化与文献资源之间的内在联系，确定文化资源建设的特色方向。同时，有目的、有计划地收集地方文献，将分散化的资源整合为具有地方特色的文献馆藏库。这不仅有助于彰显地域文化特色，形成具有符号化的文化品牌，提升区域文化影响力，还能促进区域内其他文化产业的创新发展。此外，公共图书馆还应关注读者的个性化阅读需求，深入挖掘其阅读偏好与兴趣点，创新地域文化资源的传播手段。

二、公共图书馆地域文化资源建设的实践路径

文化软实力还是一个国家或者地区的文化体现出来的吸引力、影响力，体现文化的本质和价值内核。地域文化是中华优秀传统文化的重要组成部分，具有鲜明的地域特色，体现着各区域不同时期的历史积淀和人文认同。地域文化资源是地域文化的物化，对地方的经济建设、社会发展具有非常大的参考价值。公共图书馆是地域文化资源收集、保存、利用的重要场所，在文化产业结构升级转型、文旅融合浪潮的推动下，地方文献已成为公共图书馆的特色馆藏资源，但面对文化建设的新要求和新挑战，如何利用公共图书馆地域文化资源提升文化软实力，值得探索。

地方文献作为地域文化的重要载体，记载着不同时期的社会发展和时代变迁，呈现出鲜明、丰富的民族文化、地域文化等特征，在继承和发扬地方优秀文化方面具有不可替代的重要作用。公共图书馆开展地域文化资源的建设、整合开

发与阅读推广，促进地区特色文化资源的共享，活化地域文化资源，彰显地域文化底蕴，使读者更形象、系统、全面地了解本地区文化极其丰富内涵。

（一）拓宽地域文化资源建设途径，夯实文化软实力提升基础

地方文献特色馆藏及其开发利用是公共图书馆的立馆之本，这一观点已经在业内形成共识。公共图书馆只有筑牢地方文献馆藏资源建设的基石，才能为进一步开发利用并服务于地方经济发展和文化软实力建设提供雄厚的文献保障。

1. 开源：厚植地域文化资源根基

地域文化特色鲜明，在进行地域文化资源征集时，要从全局出发，厘清地域文化脉络，深挖本土文化精神内核，多角度、多渠道地进行专题文献采集。在主题方面，从民族文化角度展开；在载体方面，不应局限于传统纸质载体，要广泛收集包括书籍、报刊、手稿、音视频、碑石拓片、实物、网络资源、数字资源等在内的各类载体形式的地域文化资源。

2. 整合：促进地域文化资源共建共享

建立地方文献区域联盟，统筹规划覆盖全区域的地域文化资源建设。为更好地将地域文化资源整合、共建、共享，应突破公共图书馆范围，将高校公共图书馆、博物馆、档案馆、方志馆等地方文献收藏单位纳入联盟。应建立地方文献共享平台，制定统一的地方文献数字化加工标准规范及数据发布模式，打破地方文献被"束之高阁"的情况，便于研究和使用。可以由省级公共图书馆主导建设，与其他公共图书馆共建共享平台是一个集中式的数据存储及信息管理平台，提供统一导航、统一入口、统一服务和统一查询检索入口，实现对主平台和各机构分平台资源信息的集中发布和检索利用。地域文化资源的共建共享，为打造地区文化产业链奠定了基础，有利于区域文化软实力的整体推进。

3. 赋能：提升地域文化资源开发传播力度

新媒体技术的发展，为公共图书馆地域文化资源建设注入了生机与活力。随着科学技术的进步，地域文化资源的开发和利用有了新的手段和平台。

（1）与数字化技术融合。数字人文是地域文化资源建设的发展趋势，它解决

了文献资源保护与开发的矛盾。通过数字化技术，将纸质馆藏变成数字资源后，读者可以通过访问公共图书馆数字资源网站获取资源，方便快捷。而 AR、VR 技术打破了时间、空间限制，更是实现虚拟与现实的交流互动。

（2）与新媒体融合。微信公众平台、微博、抖音短视频、微信小视频、B 站等新媒体平台以其飞快的传播速度、生动的信息内容，成为人们生活中不可或缺的信息来源渠道。要充分利用新媒体平台，与传统宣传媒介一起构建地域文化资源的传播矩阵，最大限度地加大地域文化资源辐射范围和影响力度。比如，贵州省数字公共图书馆采用"网络+微信小程序"的形式，为读者打造了贵州省方志云综合服务平台，让文化资源随时随地唾手可得。

（3）先进科技的应用赋予了地域文化资源强大的生命力。一是链条反应。地域文化资源不再被"束之高阁"或囿于专业圈子，而是走向大众并不断产生新的辐射，服务范围愈加广泛。二是知识增值。随着公共图书馆专业人员对知识的不断挖掘，加之越来越多对地域文化感兴趣的人加入研究与利用的行列，新的知识不断产生。三是反哺效应。文献资源变成知识资源，再变成文化产品，文化产品又反哺文献资源，形成了良性循环，提升地域文化资源的服务效能，助力提升文化软实力的作用不断扩大。

（二）提高地方文献文化产业竞争力

在文旅融合政策的推动、"国家数字公共图书馆推广工程"的支撑及先进科学技术的助力下，地域文化资源的深度开发利用和宣传推广可以视为地域文化资源建设的延伸和活化。如此，使静态的地域文化资源更加生动、鲜活，增强了地域文化资源的亲和力、感染力，为地域文化的弘扬注入了新的生命力，使其在坚定公众文化自信、赋能公共文化服务高质量发展、助力本地区中华优秀传统文化软实力提升等方面发挥不可替代的重要作用。

1. 文旅融合

地域文化资源具有天然的文旅融合服务优势，公共图书馆要改变固有模式，深入挖掘地域文化资源，根据地域特点、文化特色积极融入旅游文化产业。同时，挖掘新的文化产业品牌，以推动地方文旅融合发展，实现增强区域文化软实力的目标。

公共图书馆文旅研学导读活动为孩子们与景区之间搭建起了桥梁，带领孩子们体验游戏。生动的活动模式增加了地域文化的亲和力和吸引力，播撒着地域文化的种子，更于潜移默化、润物无声中培养了小读者对地域文化的认同感。

2. 文创融合

文创产品体现了文化的灵魂，是文化内核的物化。文创融合，是现代审美与文化传承的碰撞，是消费需求与文化内涵的融合。地域文化资源的区域化特点为文创产品附加了独一无二与不可复制的特性，使其成为代表地方特色的文化标识。文创融合发展，通过文创产品自身的经济和文化价值，推动文化产业发展，增加地域文化软实力，提升区域文化竞争力。

3. 文影融合

视频是地域文化资源建设的重要载体，纪录片、影视作品等作为地域文化资源开发的新形式，为地方文献所蕴含的优秀文化的传承与活化提供新思路。光影变化的镜头、曲折的故事情节以及饱含感情的解说，更能吸引读者的关注，提高传播度和影响力。如湖南省公共图书馆非常重视视频类地域文化资源建设，"湖南地方戏剧资源库"全方位展示了湖南省地方戏剧种的源流沿革、流布区域、艺术概况、戏剧机构、音乐表演、舞台美术、戏剧知识、曲谱等，有形有色地揭示了湖湘文化内涵。

◆ 第二节 公共图书馆的文献与馆藏资源建设

一、公共图书馆的文献资源建设

（一）文献资源建设的原则

第一，需求导向原则。公共图书馆应根据读者的实际需求，有针对性地采购文献资源，确保文献资源的实用性和针对性。这一原则要求公共图书馆在采购过程中，始终以读者为中心，关注读者的需求和兴趣。公共图书馆需要定期开展读者调查，了解读者的阅读喜好和需求，以便及时调整采购策略，为读者提供他们真正需要的文献资源。此外，公共图书馆还应关注社会热点问题和突发事件，及时采购相关文献，满足读者了解和研究问题的需求。

第二，系统性原则。公共图书馆应全面、系统地收藏各类文献资源，形成完整的文献体系，以满足读者多样化的需求。系统性原则强调公共图书馆在采购文献时，要注重各类文献的搭配和互补，确保文献资源的完整性。公共图书馆应根据学科发展和读者需求，采购涵盖各个领域的文献，包括图书、期刊、报纸、电子资源等。同时，公共图书馆还应关注文献的出版时间和版本，确保收藏的文献具有较高的学术价值和实用性。

第三，特色化原则。公共图书馆应根据本地区的历史、文化、经济等特点，有重点地收藏具有地域特色的文献资源，形成特色馆藏。特色化原则旨在挖掘和传承地域文化，为读者提供独特的文献服务。公共图书馆在采购具有地域特色的文献时，可以重点关注本地区的古籍、地方志、民间文献等，还可以收集与本地区密切相关的历史、文化、民俗等方面的资料。通过打造特色馆藏，公共图书馆可以吸引更多读者，提高文献资源的利用率。

第四，共享性原则。公共图书馆应积极参与文献资源共建共享，加强与其他公共图书馆的合作，提高文献资源的利用效率。共享性原则主张打破地域和行政界限，实现文献资源的优化配置和高效利用。公共图书馆可以通过联合采购、馆际互借、文献传递等方式，与其他公共图书馆开展合作，为读者提供更加丰富和便捷的文献服务。此外，公共图书馆还应充分利用现代信息技术，搭建资源共享平台，促进文献资源的数字化、网络化、信息化发展。

（二）文献资源建设的任务

第一，丰富文献资源，满足读者日益增长的阅读需求。随着科技的飞速发展和信息时代的到来，人们对知识的渴求越发强烈。公共图书馆应当不断拓展文献资源类型，包括图书、报纸、期刊、电子资源等，以满足读者多样化的阅读需求。此外，公共图书馆还应关注不同年龄段、不同兴趣爱好的人群，提供有针对性的文献资源，使更多人享受到阅读带来的乐趣。

第二，优化文献资源结构，提高文献资源的质量和利用率。在丰富文献资源的基础上，公共图书馆需要重视文献资源的配置优化，确保各类文献资源的比重合理。一方面，要关注文献资源的更新速度，确保读者获取到最新、最热门的资讯；另一方面，要充分挖掘特色文献资源，突出公共图书馆的个性化和差异化服务。通过优化文献资源结构，提高文献资源的质量和利用率，从而使公共图书馆成为读者心中的知识宝库。

第三，建立完善的文献资源保障体系，为读者提供全面、高效的服务。为了实现这一目标，公共图书馆需要从以下三方面入手：一是建立健全文献资源采购、编目、检索、借阅等管理制度，提高服务效率；二是加强与其他公共图书馆、信息机构的合作，实现资源共享，拓宽读者的知识视野；三是充分利用现代技术手段，如大数据、云计算等，实现文献资源的精准化推荐，提升读者满意度。

第四，推动公共图书馆事业的可持续发展，为构建学习型社会贡献力量。公共图书馆应积极探索适应时代发展的创新路径，如开展线上线下相结合的讲座、培训、展览等活动，提高公众的文化素养；同时，关注弱势群体，提供无障碍服务，让更多人享受到公共图书馆的魅力。通过这些举措，公共图书馆将成为全民学习的平台，为构建学习型社会贡献力量。

（三）文献资源的收集与编目

1. 文献资源的收集方法

公共图书馆收集文献的方法很多，主要有购买、接受赠送、接受呈缴本、馆际交换、文献传递、复制、征集等形式，但常见的只有三种：采购、接受呈缴和捐赠。这三种方法在具体的工作中受多种因素的影响和制约，归纳起来有两大因素，一是公共图书馆外部因素，主要有当地经济社会发展水平、当地领导的重视程度、当年财政拨款额度、交存单位的积极性、大众捐赠的踊跃程度。二是公共图书馆内部因素，主要有文献资源建设方针与文献资源建设政策的执行力度、纸质文献与数字文献比例、大码洋图书与一般文献的采访比例、采访人员的敬业精神、工作态度和业务熟悉程度，如何激励当地出版社交存各自出版的文献，如何发挥大众捐赠图书的积极性等。这就需要公共图书馆认真思考、趋利避害，把文献收集工作做好。

2. 文献资源编目

目录是知识的"导览图"，是揭示、识别、检索公共图书馆入藏文献的工具和依据，是将文献按照一定的逻辑顺序依次排列，清晰揭示文献特征，有效阐明馆藏资源，清楚体现蕴含知识，从而成为更好地帮助读者了解文献内容、方便读者检索、引导读者借阅的服务手段。

目录是知识的精要，公共图书馆的规模越大，文献藏量越多。文献编目就是依据一定规则进行文献著录和目录组织及文献加工。整个过程包括以下七个部分：

（1）文献验收。对待编文献进行开包接收、核对、清点和验收。

（2）文献前期加工。贴磁条、贴馆藏信息条形码。

（3）文献查重。将待编文献与已有文献进行查重，以确认是否为复本、多卷书或新进图书。

（4）分类编目。这一部分工作包含了两个层面：一是采用特定的格式和规定的语言对待编文献进行外部特征描述和书目著录，也就是编目；二是对待编文献的内容依据一定的体系进行提示和标引，业内称之为分类标引和主题标引。这两个层面一般被称为分类编目。

（5）数据审校。对已完成分编的文献和书目记录进行审校、核对、确认后入书目数据库，进行目录组织和自动化控制。

（6）文献后期加工。书标的打印与粘贴，加盖馆藏章、分类上架等。

（7）典藏、调拨好已分类、编目、加工的文献到入藏地点，并按馆藏地进行调拨入库和财产管理。每个编目员"一条龙"完成文献编目工作。

（四）文献资源建设的优化策略

第一，科学规划。公共图书馆在开展文献资源建设时，首先需要充分了解和分析自身的实际情况，包括馆舍空间、读者需求、服务目标等各方面因素。在此基础上，制订出符合本馆特色的文献资源建设规划，明确文献资源建设的方向和目标。这不仅有助于提高文献资源建设的针对性和实用性，也有利于提升公共图书馆的整体服务水平。

第二，合理采购。为了确保公共图书馆文献资源的质量和数量，采购工作必须遵循一定的原则。这包括：根据读者需求和公共图书馆服务目标来选择合适的文献；优先采购具有重要学术价值、具有权威性的文献；注重文献的更新速度，及时补充最新研究成果；同时，还要考虑文献的载体形式、价格、出版商等因素，合理分配采购经费。

第三，规范管理。为了提高文献资源的利用效率，公共图书馆需要建立健全的文献资源管理制度。这包括：对采购回来的文献进行严格的验收、登记、分类、编目等工作，确保每一份文献都能被正确归类和管理；制定合理的文献借阅规则，方便读者查阅和借阅；定期对文献进行清点、维护和修复，以延长其使用寿命；利用现代技术手段，实现文献资源的数字化、网络化、信息化管理。

第四，宣传推广。公共图书馆应加大对文献资源的宣传力度，提高读者对文献资源的认识和利用能力。这包括：通过各种渠道，如海报、宣传册、讲座等，向读者介绍文献资源的种类、特点和使用方法；开展各类培训活动，提高读者的信息素养，使他们能更好地利用文献资源进行学习和研究；定期组织读者交流活动，分享利用文献资源的经验和心得，促进读者之间的互动和交流。

二、公共图书馆的馆藏资源建设

(一) 馆藏资源建设的原则

公共图书馆作为知识与信息的宝库，其馆藏资源建设是公共图书馆服务功能发挥的基础。在进行馆藏资源建设时，必须遵循一系列原则，确保资源的系统性、科学性和实用性。

1. 系统性原则

馆藏图书具备完善的知识体系，需要经历一个相对漫长的积累过程，学科体系的建立需要长时间的积累以及不断补充，只有这样，才能够实现各个学科的不断发展。不同学科之间除了各个学科自身的发展外，学科与学科之间会相互影响、互相融合，进而形成一个完善的知识体系。因此，公共图书馆只有秉承系统性原则，才能够逐步建立起相对系统、完善的学科知识体系。公共图书馆的系统性原则主要表现在以下两大方面：

（1）重视馆藏资源自身系统性。

馆藏资源系统性在公共图书馆馆藏资源配置过程中扮演十分重要的角色，具体指文献出版的连续性。通过人们不断努力，各门类学科逐步建立起一个相对完善的体系，馆藏资源自身的系统性也逐步确立。随着互联网络的普及，开放的网络平台为人们搜寻信息提供极大的便利性，人们可以随时随地获取最新的新闻资讯，报章杂志也逐步被数据库替代。对此，公共图书馆应正确认识到当前的发展现状，不能一味地追求馆藏资源的连续性。

（2）尽量满足读者对馆藏资源系统性的要求。公共图书馆建立的初衷是为了能够提供读者更为优质的阅读服务，公共图书馆应尽量满足读者对馆藏资源系统性的要求。不同性格、年龄、职业、教育背景下的用户对馆藏资源系统性的要求有所不同，通常情况下，将爱好、关注焦点相同的群体称为稳定的用户群。对于稳定的用户群，他们对馆藏资源系统性要求基本保持一致，而不同的用户群体，则有不同要求。

2. 经济性原则

公共图书馆秉持经济性原则，需要降低成本，充分利用信息资源，实现信息资源效益最大化。所谓信息资源效益最大化，具体指投入最小的成本，获取最优的资源配置，为读者提供最佳的阅读体验。公共图书馆可以根据读者要求，给出相对合理的预算，最终形成一个与预算保持高度一致的馆藏体系。公共图书馆应高度重视国家重点关注的信息资源及科研急需的信息资源，处理并坚决摒弃能够反复采购的信息资源。

充分利用信息资源，可以有效降低成本，获取更大效益，实现信息资源配置文献最优化的关键就在于能够明确不同资源的配置比例，进而有针对性地完成采购，确定纸质资源与电子版资源的供求关系，再结合不同读者需求，最终实现信息资源的合理配置。公共图书馆还应冲破传统思维束缚，使公共图书馆馆藏资源逐步趋于数字化、信息化、多元化，有助于信息资源最优化地实现。

数据库在公共图书馆馆藏资源配置中占据重要地位，也是馆藏资源配置不可缺少的重要组成部分，但数据库价格昂贵，众多公共图书馆实际上无法承担此项开销。我国数据库类型多种多样，在众多数据库中，学术数据库的成本最高，是因为学术数据库的参考价值大、数据不易采集。为了解决数据库成本高的问题，绝大多数公共图书馆选择以集团购买的方式获取所需数据库。通过集团统一与供应商谈判，以较低的价格获取数据库，从而为公共图书馆节省一笔巨大开销。

3. 符合性原则

符合性原则体现在信息资源配置过程中，在此进程中既需要有纸质馆藏资源，又需要有数字电子资源，两者相互融合，相互补充。

（1）加强传统印刷型文献的收集与整理。虽然数字化资源在图书馆中的比重日益增加，但传统印刷型文献仍然是图书馆馆藏资源的重要组成部分。这些文献在保护和继承前人知识成果方面具有不可替代的作用。因此，在馆藏资源建设中，图书馆应继续加强传统印刷型文献的收集与整理工作，确保资源的完整性和系统性。同时，针对一些与本地区关系密切的主题图书，图书馆可以突出特色，重点收集。例如，针对本地历史文化、经济发展等方面的特色资源，图书馆可以加大投入力度，形成具有地方特色的馆藏体系。

（2）加强虚拟馆藏建设。随着网络信息技术的发展，读者对数字文献的使用也逐渐熟悉。因此，在馆藏资源建设中，图书馆应加强虚拟馆藏建设，提高数字资源的比重。这包括建设电子图书、电子期刊、数据库等数字资源，以及开发移动图书馆、在线阅读等数字阅读平台。在虚拟馆藏建设中，图书馆应注重资源的质量和多样性。一方面，要确保数字资源的准确性和权威性，避免虚假信息和低质量资源的出现；另一方面，要注重资源的多样性，满足不同读者的阅读需求。

（3）实现资源共享与协作。在符合性原则的指导下，图书馆应积极开展资源共享与协作工作。这包括与其他图书馆建立合作关系，共同建设数字资源平台；与出版社、学术机构等建立联系，获取更多优质资源；以及利用互联网等现代信息技术手段，实现资源的快速传播和共享。通过资源共享与协作，图书馆可以拓宽资源获取渠道，提高资源利用效率，为读者提供更加全面、丰富的阅读选择。

4. 质量优先原则

质量优先原则成为公共图书馆馆藏资源建设的指导方针，旨在通过优化资源配置，提高服务水平，满足广大读者的多元化需求。

（1）质量优先原则要求公共图书馆在采购图书和其他资料时，必须严格把关，精选优质资源。这意味着图书馆需要建立一套科学的评估体系，对出版物的内容质量、学术价值、实用性等进行综合评价。此外，图书馆还应关注读者的需求和阅读趋势，及时引入新兴领域的优秀作品，以及多语种、多文化的资源，丰富馆藏的多样性。

（2）数字化资源的建设也是质量优先原则的重要组成部分。随着信息技术的发展，电子书籍、在线数据库、多媒体资料等形式的数字资源越来越受到读者的欢迎。公共图书馆应投入相应的资金和技术，开发和购买高质量的数字资源，同时保证这些资源的易用性和可靠性。此外，图书馆还需要保护数字资源的版权，确保合法合规地向读者提供服务。

（3）公共图书馆在馆藏资源建设中还应注重资源的整合与共享。通过与其他图书馆、档案馆、博物馆等文化机构的合作，可以实现资源的互补和优化配置。例如，通过建立联合目录、互借互还系统，可以扩大读者可获取的资源范围，提高资源的利用效率。同时，图书馆还可以参与或建立区域性、全国性乃至国际性的图书馆网络，实现资源共享，提升服务能力。

（4）公共图书馆在馆藏资源建设中还应重视特色资源的培育。每个图书馆都应根据本地区的文化特点、经济发展和社会需求，收集和整理具有地方特色的文献资料。这些特色资源不仅能够吸引更多的读者，还能够为研究提供宝贵的信息源，增强图书馆的社会价值和文化影响力。

（5）公共图书馆的馆藏资源建设还应注重可持续发展。这意味着图书馆在资源建设过程中要考虑长远利益，不仅要满足当前的需求，还要预见未来的发展趋势。图书馆应定期对馆藏进行评估和更新，淘汰过时的资料，引进新的资源，保持馆藏的活力和时效性。

5. 可持续发展原则

公共图书馆的馆藏资源建设是一项长期且重要的任务，为了实现可持续发展，我们必须遵循可持续性原则，注重环境保护和资源节约。在图书馆的各项业务活动中，包括采购、加工、存储、流通等环节，都应尽量选择环保、可持续的材料和工艺。这样不仅可以减少资源浪费，降低对环境的负面影响，还能为公众提供一个绿色、舒适的阅读环境。

（1）在采购环节，图书馆应重视绿色采购，选择环保、无污染的图书和资料。在可能的范围内，优先采购国内原创作品，以支持本土文化的发展。此外，图书馆还应关注纸质图书的纸张质量、印刷工艺等方面，确保符合环保标准。

（2）在加工环节，图书馆要对采购的图书进行环保、高效的加工处理。例如，采用环保型胶水、低挥发性有机化合物的涂料等，以减少对空气质量的影响。同时，还要注意加工过程中的废弃物处理，遵循垃圾分类、减量化原则。

（3）在存储环节，图书馆要充分利用现有空间，合理规划书架布局，提高图书的存储密度。这样既能节省空间，减少建筑物的能耗，又能方便读者查找和借阅图书。此外，还要确保图书馆内空气质量良好，防止图书受潮、发霉，延长图书的使用寿命。

（4）在流通环节，图书馆应推广绿色借阅理念，鼓励读者采用借还书的方式，降低纸质图书的印刷和流通次数。同时，图书馆还可以开展数字化资源的推广和普及，引导读者使用电子图书、数据库等数字化资源，减少纸质文献的印刷和流通，降低对环境的影响。

（二）馆藏资源建设的任务

第一，公共图书馆需要进行资源的筛选和采购。这包括对市场上的出版物进行评估，选择符合公共图书馆馆藏发展方向的图书和资料。在采购过程中，公共图书馆需要考虑预算限制、版权问题以及供应商的选择等因素。

第二，公共图书馆应负责资源的分类和编目。新采购的资源需要按照一定的分类体系进行组织，便于用户检索和使用。此外，公共图书馆还需要对这些资源进行详细的编目，创建准确的书目记录，为公共图书馆的信息系统提供数据支持。

第三，公共图书馆要负责资源的推广和维护。这意味着公共图书馆需要通过各种途径向用户介绍新入馆的资源，激发用户的阅读兴趣。同时，公共图书馆还要定期对馆藏资源进行检查和维护，确保资源的完整性和可用性。

第四，公共图书馆还要承担数字资源的管理和更新任务。随着数字资源的日益增多，公共图书馆需要建立有效的数字资源管理系统，保证电子书籍、数据库等数字资源的稳定运行和及时更新。

(三) 公共图书馆馆藏资源的配置模式

信息资源类型多种多样，但具体到每一个公共图书馆的资源配置，由于种种条件限制，其配置模式也是千差万别，各有千秋。根据公共图书馆馆藏资源配置的发展历史阶段和选择方式，可以把公共图书馆的馆藏资源配置模式确定为三种：

1. 传统型

在计算机网络出现前，传统型公共图书馆是主要的公共图书馆形式，其馆藏资源主要是纸质的期刊、报纸、图书以及古籍等，还包括手稿、字画以及地图等，供读者查询和借阅。传统型公共图书馆主要以人工服务完成信息资源配置，通过人工编目信息资源并制作查询卡片，以便为读者提供借阅服务。此外，藏书建设也是传统型公共图书馆进行资源配置的主要方式，并成为公共图书馆资源配置的核心工作。

藏书历史的发展促进藏书建设概念的转变和发展，对资源配置模式进行封闭式管理，也是藏书建设中一个重要的配置理念。其模式以自给自足的自藏占有模式为主，即公共图书馆对所藏文献具有占有权和支配权。这一模式起源于封建社会的藏书楼，只在于收藏而非使用，因此不对外开放，是收藏者的私人财产。

任何信息保存与服务机构具有广泛的应用领域，因此，将各类信息保存和服务机构整合成为发展趋势。通过分工采集和协调收藏，实现信息媒体统一布局与规划，以满足我国及地区馆藏资源保障需求。传统的藏书建设概念和时代发展出现不协调性，藏书建设概念所存在的不足逐步显露。古代藏书楼思想是藏书建设的原型，主要藏书为"经史子集"，受当时生产技术和科学水平所制约，文献数量有限，并以图书形式为主，利用效率低，只有藏书楼的主人可以使用，一般不对外开放，因此"藏书"一词更适应当时的社会背景。随着科技的进步，现代公共图书馆的出版文献数量巨大、类型多样，且载体多变，不再是传统以书为主要藏品的时代。

现代的资源配置既包括大量的图书，还有其他多种非图书资料，如视听资料、缩微资料、机读资料、文献资料以及地图、图片、乐谱等，在这一形式下，藏书已经无法满足现代信息资源配置的要求，也不能有效体现信息资源建设的整体风貌，于是出现"馆藏资源建设"概念。这一概念由我国首次提出，突破"藏书建设"概念的限制性，从辩证角度看待微观馆藏资源建设和宏观馆藏资源建设的关系。与此同时，馆藏资源建设是国家战略目标，受到重视。

2. 复合型

由于计算机和互联网在公共图书馆建设发展中的应用，信息资源建设的观念逐步替代馆藏资源建设理念，在这一思想驱动下，公共图书馆的信息资源配置模式悄悄发生变化，逐渐用计算机互联网代替人工进行资源加工，采购数字电子资源供读者使用。

公共图书馆资源类型的多元化也是复合型公共图书馆馆藏资源配置模式的基本要求。首先，需要满足读者对纸质资源的需要；其次，需要加强建设电子书、网络资源以及数据库等数字电子资源工作。随着信息技术的发展，电子资源相比纸质资源更加具有优势性，具有较快的传播速度、较大的传输数量以及较多样化的传播形式，不但可以传播文字，还可以传播视频、音频等多媒体文件，因此获得广大读者用户的喜爱，成为信息资源配置中的一个重要类型。

复合型资源配置模式，简单来说，是结合纸质资源和电子资源，对两种类型的资源进行收集、整理和组织，优化和序化互联网上各种网络资源，并将其纳为公共图书馆信息资源建设对象。

3. 数字型

随着人类信息资源有了进一步发展，互联网不再局限于电脑，人们借助智能手机和平板电脑等移动工具，依靠移动互联网开发各种 App，深刻改变人们创造分享信息资源的状态和体验。公共图书馆现在被看作是一个人人共享的"第三空间"，人们生产工作的场所是第一空间，下班后回到家里，是人们的第二空间，而公共图书馆是人们欣赏艺术、增长知识的第三空间。过去单一的借还图书和阅览室逐渐被交流思想、切磋讨论问题和发现创造的场所替代。在这种形势下，公共图书馆的信息资源配置必须跟形势。

(四) 馆藏资源建设的优化策略

公共图书馆馆藏是一个公共图书馆的物质基础，是公共图书馆发展的根本，它与整个公共图书馆事业发展息息相关，是关系到公共图书馆生存与发展的重要因素。公共图书馆馆藏资源是衡量一个地区文化发展水平的重要因素之一，因此公共图书馆馆藏资源建设应该坚持以服务当地读者为中心，在服务区域内充分发挥"龙头"作用，引导和带动其他社会文化机构加大馆藏资源投入力度。

第一，公共图书馆应加强与用户的互动，定期收集用户反馈，了解用户对现有馆藏的使用情况和改进建议。这有助于公共图书馆更准确地把握用户需求，及时调整资源建设策略。

第二，公共图书馆应利用现代信息技术，如大数据分析、人工智能等工具，对馆藏资源进行深入分析。通过对用户借阅行为、资源使用频率等数据的分析，公共图书馆可以发现馆藏中的空白点和热点，从而更有针对性地进行资源补充和优化。

第三，公共图书馆还应积极探索合作采购、资源共享等模式，与其他公共图书馆或信息机构建立合作关系。这样不仅可以节省成本，还能丰富馆藏资源，为用户提供更多样化的服务。同时，公共图书馆应注重培养专业的馆藏资源建设团队。这个团队不仅要具备图书情报学专业知识，还要熟悉市场动态、掌握信息技术，能够不断创新资源建设的方法和手段。

第四，公共图书馆应重视数字资源的建设和管理，提高数字资源的可用性和便捷性。此外，公共图书馆还需要关注绿色环保，减少不必要的纸质资源采购，提倡节约资源和环保意识。另外，公共图书馆应定期对馆藏资源进行评估和分析，以确保资源的合理利用和优化配置。

第五，加强专业管理队伍建设，提高馆藏资源利用效率。基层公共图书馆应结合自身情况，提升馆藏资源建设质量，创新管理与建设工作，以提供优质、高效、便捷服务。公共图书馆专业管理人员是实现可持续发展的重要力量，须具备高业务素质和职业道德。在馆藏资源建设中，应加强培训力度，提升专业知识水平，加强职业道德教育，调动工作积极性、主动性和创造性。同时，通过集中培训增强对读者服务、馆藏资源建设、新技术应用等方面的认识，提高业务素质和服务水平，提高馆藏资源利用率。

三、公共图书馆的馆藏数字资源服务与管理

（一）公共图书馆馆藏的数字化发展

公共图书馆馆藏数字资源服务，需要以馆藏数字化为前提，公共图书馆馆藏数字资源服务，需要以馆藏数字化为前提，以实现馆藏资源的数字化保存、传播和共享。

公共图书馆馆藏的数字化是数字公共图书馆建设的重要组成部分，代表着21世纪公共图书馆发展的主要方向。馆藏资源数字化通过借助网络平台以及其他资源网站对其中的数字化文献进行采购，或者通过网络直接下载网站中的数字化馆藏资源，以这样的方式来将公共图书馆当中的馆藏数字化的程度来提高。

第一，促进馆藏的保护。馆藏数字化可以将这种风险降低，将原件的内容以数字化的形式展现在读者面前，这样一来，就在极大程度上降低了将原件存在的丢失和损坏风险；并且还有利于帮助原始文献的适用范围逐步扩大，对已经出现了损伤的公共图书馆馆藏进行修复，避免出现纸质的文献老化的问题。

第二，提高馆藏的利用率。馆藏数字化不会占用馆藏的保存面积，并且可以同时提供给所有读者进行阅读，以网络的形式为读者提供阅读的平台。在网络平台当中以线上的方式向读者介绍公共图书馆的馆藏，让读者随时随地就能够了解到馆藏的相关信息，这就可以促使公共图书馆馆藏资源的利用率大幅度提高。

第三，便于开展研究。在传统的公共图书馆当中馆藏的馆藏资源所产生的数字资料较为容易出现差错，无法进行大数据的统计，只是通过人力来对馆藏的数字资料进行统计，而当馆藏资源数字化之后，就可以产生出较为可靠的数字资料，这就能够帮助相关的研究人员对文献进行科学的研究，并且还可以将其所进

行研究的范围不断的扩大。例如，对于手稿的字迹进行鉴定真假以及对图片进行放大观看等情况。

第四，有利于公共图书馆的科学管理。馆藏资源数字化能够将公共图书馆的科学化管理水平提高，还可以为了前来阅读的读者使其在进行阅览馆藏资料的时候更加方便快捷。一方面，在传统公共图书馆当中的馆藏资料进行数字化建设之后就可以满足读者的多样需求，为读者提供出更加具有特色的服务；另一方面，进行馆藏资源数字化之后，就可以用较低的成本或者较小的风险来对公共图书馆中的馆藏资源进行复制，让馆与馆之间能够进行馆藏资源的相互分享。最后，在公共图书馆的馆藏资源进行数字化建设之后可以将纸质的文献转化为数字化的数据储存在服务器当中，为公共图书馆省下很多的储存空间，还有助于对纸质馆藏资源进行科学的维护及管理。

第五，便于开展有偿服务。馆藏资源数字化能够将公共图书馆的经济效益提高，可以通过刻录光盘的方式来对数字化馆藏资源文献进行使用或者商业发行，也可以借助网络来将馆藏资料放在网站当中，这样就可以扩大公共图书馆的适用范围和用户群体，让读者随时随地都可以使用馆藏的馆藏资料，并且再加上电子商务平台来对馆藏的馆藏资源来进行有偿的服务或者购买相关的文献使用，这样一来还可以促进公共图书馆的经济收入，将公共图书馆在社会中的影响提高。并且还可以将馆藏资源进行开发，将馆藏资源转化为具有经济效应以及能够影响社会的信息化产品。

(二) 公共图书馆馆藏数字资源服务体系构建

1. 馆藏数字资源的开发流程

深入了解数字资源开发方式，掌握开发建设的一般流程，是科学合理地开展馆藏数字资源的开发应遵循一定流程，以确保数字资源建设的连续性、稳定性和规范性。

（1）环境分析。公共图书馆内部和外部环境中的各项要素，对馆藏数字资源开发活动具有直接或间接影响，环境分析应当成为公共图书馆开展馆藏数字资源开发的首要环节。在进行开发活动前，首先需要明确公共图书馆所处的环境和自身定位，通过科学调研和周密研究，分析本馆所进行的开发工作的可行性和必要性，明确指出开发工作是否符合当前经济与社会环境的发展要求、是否已经具备相应的政策法规支持、用户对于拟开发资源的需求程度以及所开发资源对用户需求的满足程度等，对于本馆是否具备开发建设所需的人力、物力、财力条件也应当予以明确。

（2）制订规划。对于任何一项馆藏资源开发工作，在开展具体建设工作前，制订指导统领全局的规划，无疑是至关重要的。无论是制订战略规划，还是项目执行规划，都应按照一定原则，通过科学合理的方法，提高规划水平。只有在规划中针对数字资源的建设主题、建设目标、建设方式、标准规范、建设流程等内容提出发展思路，才能使规划具备较强的引领和指导作用。

（3）收集与遴选资源。按照规划所确定的建设主题，在充分了解和掌握相关馆藏资源出版发行、分布与收藏情况基础上，公共图书馆应重视拓宽资源收集途径，采用多种收集方法，除通过购买、许可授权等常用方式收集以外，公共图书馆还可以通过捐赠、征集、收缴、交换等方式，免费获得资源；对于符合建设目标的有价值资源和珍贵资源，公共图书馆可考虑建立适当的经济补偿机制。在收集资源过程中，了解和挖掘所收集资源的价值，需要公共图书馆馆员具备深厚的知识背景，馆员需要保持高度的职业敏锐性，根据规划中提出的建设目标和功能要求，制定内容甄别与遴选标准，不但要从资源内容角度分析资源的特色性、可用性、完整性以及使用价值，还要重视对所采集资源的版权情况进行分析和甄别，在著作权法相关法律规定的范畴内利用资源，对未授权或者版权不明晰的资源，应以妥当方式保管和使用。

（4）准备建设环境。为保证馆藏数字资源开发工作有序完成，正式开展开发建设前，公共图书馆应完成一系列综合准备工作，首要工作是根据开发工作规划要求，搭建软硬件环境，并调配项目组织与管理人员；进行开发建设人员培训，确保经费能够及时拨付到位；针对项目管理、资源遴选、数据加工与组织工作，制定相应的工作规范，并制订开发过程中的馆藏实体文献保护方案，特别是针对善本古籍、特藏以及孤本文献，需要采用严格的保护措施。对于在开发建设中可能出现的问题，公共图书馆也应提出相应的风险预案。

（5）资源加工。按照开发建设规划开展资源加工工作，是形成馆藏数字资源的关键步骤。在开展加工时，公共图书馆应针对不同类型的馆藏采用不同的加工方式，按照相应标准，开展建设和验收。随着移动设备、数字电视等新型终端在公共图书馆应用的推广，公共图书馆应遵循"一次加工，多次利用"原则，根据资源发布服务需求，重视适用于各种发布渠道的不同格式的数字资源同步加工建设，并对加工过程进行严格管理。

（6）资源组织与整合。资源组织与整合是馆藏数字资源开发建设的重要内容，是结合馆藏数字资源开发概要设计和详细设计提出的功能要求，对加工完成的数字资源进行有序组织的过程。资源组织与整合的基本前提是明确所开发资源在本馆资源体系中的定位，与本馆资源体系中的其他各类型资源建立多维度的关联关系，以利于在统一资源平台上开展资源整合服务。

（7）保存与服务。在大力发展馆藏数字资源开发的过程中，必须重视数字资源的保存管理与服务问题。在馆藏数字资源开发规划中，需要从战略高度考虑资源的长期保存与服务策略，通过一定的技术手段和管理机制，保证数字资源的原始性和真实性；建立经济可靠的保存保护方式，保证数字资源在长期保存以及服务过程中的安全性与有效性。

（8）绩效评估。馆藏数字资源开发的绩效评估，实际上是从馆藏数字资源运行效果角度出发，衡量公共图书馆开发与建设的过程，涉及众多因素和环节，是一项复杂又重要的工作。通过绩效评估实现对馆藏数字资源体系以及开发过程的全面检测，反馈相关信息，从而为控制开发与建设过程和公共图书馆进行科学决策提供客观依据。

绩效评估涉及开发建设过程和建设成果两个主要方面，核心评价要素包括所开发馆藏数字资源的数量评价、质量评价、资源建设效能评价以及开发项目管理评价，公共图书馆可借助国内外已有的评价工具和评价模型，综合采用统计分析、专家评估、用户调研等评价方法，客观、准确地进行测度与评估。

2. 馆藏数字资源服务保障体系

在信息时代，公共图书馆扮演着知识传递和文化交流的重要角色。随着数字化进程的加速，数字资源成为图书馆服务体系中不可或缺的一部分。一个高效且完善的服务保障体系是确保数字资源有效利用的关键。

（1）内容保障。内容保障是数字资源服务的基础，它决定图书馆能否满足用户的基本信息需求。内容保障主要有三个渠道：自建资源、文献传递和资源引进。

第一，自建资源。图书馆通过自主开发和维护数字资源来形成特色馆藏。这涉及对本馆特藏的数字化处理，如历史文档、地方志、珍贵手稿等。自建资源不仅能体现图书馆的文化特色，还能为用户提供不可替代的研究材料。此外，图书馆还可以根据用户需求和学科发展趋势，创建专题数据库或数字展览，以增强服务的针对性和吸引力。

第二，文献传递。在资源共享的理念下，文献传递允许用户通过图书馆间的合作网络，获取其他机构的收藏。这种跨图书馆的服务拓展了单个图书馆的服务范围，特别是对于那些经费有限或地理条件限制的小型图书馆而言，文献传递服务是实现资源优化配置的有效方式。实施文献传递服务，需要建立统一的平台和标准化的操作流程，保证用户请求的快速响应和高效满足。

第三，资源引进。为了迅速扩充数字资源库并提供多元化的内容服务，图书馆常常选择购买或租赁商业数据库、电子书籍和期刊。这种方式不仅能够节省自建资源的时间成本，还能保证资源的专业性和时效性。在选择引进的资源时，图书馆需要考虑到资源的受众面、内容深度、更新频率以及成本效益等因素，以确保资源的实用性和经济性。

（2）置前服务。置前服务是指在用户实际接触和使用数字资源之前所提供的一系列服务措施，包括置前防范、置前引导和置前宣传三个部分。

第一，置前防范。图书馆需确保数字资源的稳定可靠访问，这要求图书馆进行持续的技术投入和更新。置前防范工作包括数据备份、系统维护、安全防护等措施，以防止数据丢失、服务中断和信息安全风险。通过这些措施，可以最大限度地减少意外情况的发生，并保障用户能够随时安全地使用资源。

第二，置前引导。为了让用户能够充分利用图书馆的数字资源，置前引导工作至关重要。这包括制定详细的用户指南、开展在线和现场的培训课程、设立帮助台等。通过这些引导措施，用户能够了解如何检索、评估和使用不同类型的数字资源，从而提升他们的信息素养和自主学习能力。

第三，置前宣传。宣传活动是提高图书馆数字资源知晓度和使用率的有效手段。图书馆可以通过社交媒体、邮件列表、网站公告等多种渠道宣传新引进的资源和服务。此外，举办主题活动、讲座或研讨会也是推广数字资源的有效形式。通过这些活动，不仅可以增加用户对资源的认识，还能够激发他们的使用兴趣和参与热情。

（3）使用保障。为确保用户能够顺畅无阻地使用数字资源，图书馆必须提供全面的使用保障服务。这包括技术保障、日常监控、及时通知和问题解决四方面。

第一，技术保障。技术是用户访问和使用数字资源的前提。图书馆需确保所有的硬件设施和软件系统均处于良好状态，并且能够满足用户日益增长的访问需求。此外，图书馆还应定期对系统进行升级和维护，以适应新的技术发展和修复已知的技术缺陷。

第二，日常监控。通过对数字资源使用情况的实时监控，图书馆可以及时发现并处理异常情况，如系统故障、访问量异常等。这不仅有助于维持服务的连续性和稳定性，还能够为图书馆提供宝贵的数据支持，用于改进服务和调整资源配置。

第三，及时通知。当数字资源有更新或者服务有所变更时，图书馆应及时通知用户。这可以通过邮件、短信、网站公告等多种方式来实现。及时通知能够帮助用户获取最新的资源信息，使他们能够更好地利用图书馆提供的服务。

第四，解决问题。面对用户在使用数字资源过程中遇到的问题，图书馆应提供快速有效的解决方案。这可能涉及用户教育、技术支持、资源调配等多方面。通过建立一套完善的问题响应和处理机制，图书馆能够提升用户满意度并增强用户对图书馆服务的信任。

（4）个性化服务。个性化服务是图书馆提升用户体验和满足用户多样化需求的重要途径。这类服务通常基于用户的个人信息和利用习惯，为用户提供定制化的资源和服务。

第一，个性化推荐。根据用户的历史借阅记录、在线行为等信息，图书馆可以推送与其兴趣和研究领域相关的资源。这种推荐既可以是被动式的，如新书通告、主题书单等；也可以是主动式的，如基于算法的个性化推荐系统。

第二，个人书架。用户可以在图书馆的平台上建立个人书架，收藏自己感兴趣的电子书籍或资料。这不仅方便用户随时查看和管理自己的收藏，也使得图书馆能够更好地了解用户的阅读偏好。

第三，阅读历史记录。通过保存用户的阅读历史，图书馆可以为用户提供接着读下去的建议，或者在他们再次访问时快速恢复到上次阅读的位置。这种连贯性的体验提升阅读的便利性。

第四，定制服务。对于特定用户群体，如研究人员或学生，图书馆可以提供专门的服务，如数据分析工具、研究咨询服务等，以满足他们更专业的需求。

（5）反馈及其分析。用户反馈是图书馆不断改进和提升服务质量的关键。通过收集和分析用户的意见和评价，图书馆能够了解服务的效果和存在的问题。

第一，建立反馈机制。图书馆应建立一个便捷、高效的反馈机制，鼓励用户分享他们的使用体验和建议。其可以是在线调查问卷、意见箱、社交媒体互动等形式。

第二，定期收集与分析。图书馆需要定期收集用户反馈，并进行系统的分析。分析结果可以帮助图书馆了解哪些服务受到欢迎，哪些地方需要改进，以及用户的需求变化趋势。

第三，及时响应与改进。对于用户的反馈，图书馆应及时做出响应。对于表现出普遍问题或重要意见的反馈，图书馆应采取具体措施进行改进，并将改进结果反馈给用户，以示图书馆重视用户意见并致力于提升服务质量。

3. 馆藏数字资源的规范化与安全管理

（1）馆藏数字资源管理的优势。公共图书馆作为各种类型馆藏资源的收藏与服务机构，根据数字资源的特点而进行针对性的开发活动，其优势是显而易见的。随着公共图书馆馆藏资源的不断累积，公共图书馆馆藏空间变得越来越拥挤，而数字资源载体的存贮量大、体积小，开发数字形式的馆藏，能够节约大量公共图书馆空间，尤其有利于保护珍本、善本、古籍和历史文物等馆藏资料。

数字资源传递距离远、速度快，容易实现大范围共享。数字资源的获取在形式上不受时间、区域限制。在版权允许的情况下，用户只需要一台计算机与数字公共图书馆相关的网络连接，可在任何时间、地区，自由浏览、查询、检索、获取网上的数字资源，既不受数量、时间限制，也不受人为因素影响。

数字资源可具备强大的组织和检索功能，经过科学合理数字资源组织，能够实现多维度检索，检索点包括图像、声音等形式的信息，与传统馆藏资源相比，具有明显优势。数字资源不但便于公共图书馆对海量馆藏资料进行组织，也有利于用户进行检索和查询，提高公共图书馆资源的利用效率。

数字资源独有的特性，决定其具备较好的共建共享条件。公共图书馆可以灵活运用本馆范围外的各项资源，探索和实践多种建设模式，实现本馆资源建设和服务能力的提升。

（2）馆藏数字资源管理的意义。

第一，保护与补充公共图书馆传统馆藏资源。对于受到损伤的原始文献，其数字拷贝可以起到补偿原件的作用。例如，公共图书馆馆藏的很多纸质文献存在纸质脆化发黄的现象，对时可以通过互联网将其转化为数字文献，在阅读使用时可以直接使用数字文献，减少纸质文献的翻阅。针对部分珍贵且稀缺的文献，通过转化为数字化文献，可减少其丢失率，最大限度地增加利用范围与利用时间。

纸质文献的使用条件存在一定限制，数字化方式可改变此条件。比如，通过数字化方式可以拓展纸质文献内容，消除纸质文献中的污迹，将文献内容完整地展现出来。纸质文献通过数字化处理，使文献内容更加丰富，在搜索查找时更加方便快捷。比如，纸质文献转化成为数字文献以后，可以通过电脑直接查找，方便快捷。

对比原始文献，文献数字化可以增强资料的可靠性与功能性，很大程度上促进新型研究。比如，文献在数字化以后，其影响可以增加定格观察时间，数字化后的图像可以放大、缩放，在研究鉴别时可以提高效率，还可以解体观察部分图像，便于研究比较。以手稿资源的研究与开发为例，原始手稿在进行字迹辨别时存在很大难度，通过扫描数字化后可以进行成倍放大，甄别出其中的细节，分辨出文字的不同之处。

第二，提高公共图书馆管理工作效率。在网络大环境下，不断建设与开发数字资源，本质上是对图书管理工作效率的提升。一是通过数字信息化，公共图书馆在管理服务时可以借助自动化工具，在馆藏资源建设以及提供服务时更加快捷。通过文献数字化还可以减少文献管理与存储成本，从侧面提升建设服务效率。二是将传统的纸质文献通过自动化转换为数字资源，在一定程度上拓展文献的使用范围，提升存取功能，在资源传播时不受载体限制，更加快速便捷，提升利用效率。三是建设网络化连接，建立数字化馆藏，在一定程度上打破纸质文献的利用时间与空间。在网络时代，随时可以用手机进行资源查看，增加文献的利用效率，更好地满足公众对文献多层次及多方位的需求。

（3）馆藏数字资源的规范化管理措施。公共图书馆对馆藏数字资源进行规范化管理的重要性不言而喻，它关乎这些资源能否被有效检索、访问和利用。

第一，关注数字资源的选择与采购政策。为了确保公共图书馆采购的数字资源质量上乘、覆盖面广、更新及时且符合用户需求，我们需要制定一套明确的选择标准和采购流程，并在预算分配上做出合理安排。此外，关注数字资源的成本效益，以确保采购的资源能在预算范围内达到最佳效益。

第二，采用统一的元数据标准对数字资源进行描述是至关重要的。一套统一的元数据标准有助于提高检索效率和实现资源共享。同时，我们需要确保元数据的准确性和完整性，包括标题、作者、出版信息、主题分类等，以便用户能快速找到所需资源。

第三，知识组织系统的应用也不可忽视。通过采用知识组织系统（如图书馆分类法、主题词表）对数字资源进行分类和标引，我们能使用统一的语言和术语控制系统，从而支持跨库检索和语义互操作。

第四，技术标准的遵循同样重要。遵循国际通用的技术标准和协议，确保资源的准确识别和持久链接。

第五，在访问权限与用户管理方面，我们需要设定合理的访问权限，确保合法用户能够访问资源，同时保护版权和隐私。实施有效的用户身份验证和授权机制，如 IP 地址控制、用户名密码登录等，能使用户在访问资源时享受到安全、可靠的服务。

第六，长期保存策略也是必不可少的。我们需要制定一套包括数据备份、格式转换、技术更新等在内的长期保存策略，以确保数字资源的长期可访问性。同时，定期检查和更新保存介质和软件，以适应技术发展。

第七，用户服务与支持方面的工作也不容忽视。通过提供用户培训和教育，我们能帮助用户更好地利用数字资源。设立用户帮助台，解答用户在使用数字资源过程中遇到的问题，有助于提高用户满意度。

第八，质量监控与评估是确保数字资源管理质量的关键环节。我们需要定期对数字资源的使用情况进行统计和分析，评估其满足用户需求的能力。根据评估结果调整采购策略和服务方式，以持续改进服务质量。

第九，法律合规性也是必须关注的问题。我们需要确保数字资源的采购和使用符合相关法律法规，特别是版权法和隐私保护法。与数字资源提供商签订合法的许可协议。

（4）馆藏数字资源的安全管理。网络出版与数字公共图书馆快的发展，更加凸显数字资源在公共图书馆馆藏与服务中的重要地位。公共图书馆能够正常运转，依靠多种电子资源，如读者个人信息资源、网络和电子信息、特色数据库、公共图书馆的管理信息库等。因此，确保数字资源安全是公共图书馆的一项主要职责。

第一，馆藏数字资源安全的影响因素。确保公共图书馆的安全是公共图书馆管理工作中非常重要的一方面，运用多种手段和措施，确保公共图书馆馆藏资源的安全是公共图书馆的安全管理工作。当前，公共图书馆的安全管理面临新的挑战，即数字化馆藏资源和数据的安全。与传统纸质资源不同，数字资源不仅面临外部环境带来的威胁，还要应对新的技术应用带来的安全隐患。产生灾害的原因主要分为三类：

一是传统灾害。自然灾害对数字资源硬件设施（比如基础设备、存储和服务设施等）造成的直接损坏，即为传统灾害。自然灾害主要有水灾、火灾、地震、雷击、生物因素（比如鼠虫的啃咬）等，一旦发生传统灾害，对公共图书馆内存储的数字资源会造成无法挽回的损害。因此，传统灾害对数字资源的危害性较大。

二是技术灾害。意外事故或者技术故障对软硬件造成的损坏，即为技术灾害。比如，电子设备因电力故障突然停止运行、软件因不正常关机受到损害等。这样的灾害有时会导致存储的信息出现部分或暂时损害，有时则导致信息出现永久性损害。

三是人为灾害。人的有意识行为对数字资源造成的损坏，即为人为灾害，在公共图书馆所有数字资源灾害中占比数量最多，并且发生的次数越来越多。如计算机病毒、电脑黑客等攻击，可能导致公共图书馆全部数据资源损失，以及服务网络系统宕机。

第二，馆藏数字资源安全管理措施。

一是安全管理数字馆藏。制定安全措施保护数字资源，包括内容、储存、服务及设备管理；高度认识安全管理重要性，建立管理举措，培训全员，定期检查措施落实；强化信息管理系统，建立管理制度，处理信息不对称，建立风险管理和危机处理制度；建立信息预警、防范与安全保障机制，使用各种技术确保安全；制订防病毒计划和事故处理办法，高度重视信息安全。

二是构建安全管理模式。制订预防工作计划，培养预防意识，及时处置和修复资源；建立灾害防范计划、预防、应对和灾后恢复四个部分的安全管理模式。

三是制订灾害防范计划。参照案例制订详细计划，减少灾害发生和损失；评估存储环境及风险，确定保护重点；制订保护设备、数据和灾害处置计划。

四是加强馆员培训。馆员在数字资源安全各环节中占据重要地位；从提升预防意识、工作安排和技术处理三方面培训馆员；注重提升馆员能力素质和预防灾害意识，进行实操演练和案例分享。

◆ 第三节　公共图书馆的影视资源建设

一、公共图书馆中影视资源的作用

影视资源作为一种视听资料，能够以直观、生动的方式向公众传递信息和知识，满足公众对于多样化、个性化学习需求。影视资源在公共图书馆中扮演着至关重要的角色，影视资源包括电影、电视剧、纪录片、教育片等多种类型，这些资源不仅能够丰富公众的文化生活，还能够提高公众的文化素养。

影视资源具有更强的表现力和感染力，能够帮助公众更好地理解和掌握知识，能够通过视觉和听觉的双重刺激，使公众更加深入地理解和记忆知识。例如一部生动有趣的科普纪录片，可以让公众在轻松愉快的氛围中学习到科学知识，提高科学素养。

随着科技的发展，公共图书馆的服务方式也在不断变革。影视资源作为一种新型的服务方式，能够吸引更多的公众走进图书馆，享受图书馆的服务。同时，公共图书馆也可以通过影视资源，开展各种形式的活动，如影视欣赏、影视评论等，进一步提升图书馆的服务质量和水平。

二、公共图书馆影视资源建设的意义

第一，影视资源建设能够丰富图书馆的馆藏资源。图书馆的馆藏资源是图书馆服务的基础，只有拥有丰富、多样的馆藏资源，图书馆才能满足公众的多样化需求。影视资源作为一种新型的馆藏资源，能够使图书馆的馆藏资源更加丰富和完整。

第二，影视资源建设能够提升图书馆的服务能力。随着科技的发展，公众对于图书馆的服务需求也在不断提高。影视资源建设能够使图书馆的服务更加多元化、个性化，满足公众的不同需求。同时，影视资源建设也能够提高图书馆的服务质量和水平，使图书馆成为公众学习和生活的重要场所。

第三，影视资源建设能够推动图书馆事业的发展。影视资源建设也能够促进图书馆与其他文化机构的合作，推动图书馆事业的健康发展。

三、公共图书馆影视资源的版权注意事项

第一，版权授权。公共图书馆需要确保所收集的影视资源已经得到合法授权。这通常意味着需要与版权持有者达成协议，获得使用影视资源的许可。未经授权使用影视资源可能会导致侵权诉讼。

第二，版权期限。影视作品的版权期限有限，公共图书馆需要确认所收集的

影视资源是否仍在版权期内。如果影视作品已经进入公共领域，那么它们可以被自由地使用和分享。

第三，数字版权管理。许多现代影视资源都采用了 DRM 技术①来保护版权。公共图书馆需要确保其数字资源管理系统能够兼容这些 DRM 技术，以确保影视资源的合法使用。

第四，版权标识和元数据。公共图书馆需要在影视资源上清晰地标注版权信息，包括版权所有者和使用权限等。此外，还需要为影视资源创建准确的元数据，以便用户了解其版权状态和使用限制。

第五，版权教育和培训。公共图书馆的工作人员需要接受版权教育和培训，以确保他们了解版权法规和相关政策，并能够在日常工作中正确处理版权问题。

第六，版权合规性检查。公共图书馆需要定期进行版权合规性检查，以确保其影视资源收藏始终符合最新的版权法规和要求。

四、公共图书馆影视资源更新与维护

第一，资源整合与共享。通过建立统一的行业标准，加强地区公共图书馆间的交流与合作，实现特色资源库的标准化和规范化，共享并整合各馆的特色馆藏文献资源，以优化资源配置，降低成本。

第二，加强外包监管。对于外包的业务，如数字资源建设等，制定一整套适合自身情况的管理流程和验收制度，确保业务完成情况与合同规定相符，并定期进行检查和考核。

第三，人才培养与技术提升。在大数据时代，馆员应提高自身的信息技术素养和业务水平，熟练掌握各类数据安全维护和信息处理技术，以应对资源建设中的各类问题。同时，公共图书馆也应制订人才培养计划，定期开展数字资源的相关培训，引进相关专业的人才，推动资源建设工作的开展。

第四，深化合作交流。借助新的数字技术和新媒体技术，深化与各地区、各

---

①　DRM 技术，即 Digital Rights Management，中文常称为数字版权管理。这是一种用于保护数字内容（如软件、音乐、电子书籍等）不被未授权使用的版权保护技术。DRM 技术的目的是确保数字内容的分发者能够控制其作品的使用方式，包括是否允许复制、修改或其他形式的非授权访问。

行业、各部门的合作，建立良好的合作共赢关系，实现体系化、规模化和标准化的资源建设，推动公共图书馆事业的进一步发展。

第五，拓宽宣传渠道。做好自建资源的共享与推广工作，最大限度地提升资源利用率，充分发挥自身服务优势。

五、公共图书馆的影视资源建设的实践策略

第一，明确影视资源建设的方向和目标。公共图书馆应根据自身的服务对象和服务宗旨，明确影视资源建设的方向和目标。例如，以青少年为主要服务对象的图书馆，可以重点收藏和推广具有教育意义的影视作品；以普及科学知识为主要服务宗旨的图书馆，可以重点收藏和推广科普类影视作品。

第二，制订合理的影视资源采购计划。公共图书馆应根据自身的经费和人力资源，制订合理的影视资源采购计划。在采购过程中，注重影视资源的质量和数量，避免盲目追求热门影视作品，而忽视其他具有价值的影视作品。

第三，加强影视资源的整合和利用。公共图书馆应加强影视资源的整合和利用，通过建立影视资源数据库、开展影视资源推荐活动等方式，提高影视资源的利用效率。同时，公共图书馆还可以与其他文化机构合作，共同推广和利用影视资源。

第四，注重影视资源的服务创新。公共图书馆应注重影视资源的服务创新，通过开展影视欣赏、影视评论、影视制作等活动，提高公众的参与度和满意度。同时，公共图书馆还可以利用现代科技手段，如在线影视资源平台、移动图书馆等，为公众提供更加便捷的影视资源服务。

第五，加强影视资源建设的宣传和推广。公共图书馆应加强影视资源建设的宣传和推广，通过各种渠道和方式，提高公众对图书馆影视资源的认知度和利用率。同时，公共图书馆还可以利用影视资源，开展各种形式的文化活动，进一步提升图书馆的知名度和影响力。

第四节　公共图书馆的未成年人服务与数字资源建设

一、公共图书馆的未成年人服务

（一）未成年人的学龄范围

1. 学龄前儿童阅读服务

作为近年来公共图书馆未成年人阅读服务的主流趋势[①]，低龄化（服务对象多为学龄前儿童）已经成为我国公共图书馆革新阅读服务变革的主要方向。同时，国内很多公共图书馆也逐渐开展了很多以学龄前儿童（尤其是婴幼儿）为服务对象的早期教育活动。

在新的时代背景下，对未成年人合法权益的保护程度也逐渐提升。例如，在政府主导下，相继出台了一系列保护未成年人合法公共文化权利的政策和法律法规，并以相应规定规范公共图书馆未成年人服务；公共图书馆也在不断开展完善未成年人阅读服务的相关工作，并取得了良好的实践成果。公共图书馆需要重视幼儿的个性发展，要求以幼儿的身心发展规律和学习特点为出发点来组织游戏教学活动，寓教于乐，尊重学生的个体差异化，并给予针对性指导。

基于学龄前儿童对故事和图书的喜欢和热爱心理，要重点培养幼儿的倾听习惯和语言理解能力。具体来讲，就是要积极引导学生从优秀的儿童文学作品中欣赏语言美，并开展多样化的实践活动进一步强化幼儿对作品的理解和感悟，同时，鼓励学生注意观察生活，激发学生对生活标记和文字符号的好奇心。除此之外，在图书、绘画及其他媒介作用下，以锻炼学龄前儿童阅读和书写能力为目的，培养幼儿对书籍、阅读和书写的兴趣。

---

① "双减"政策的实施，减轻义务教育阶段学生的作业负担、校外培训负担，是未成年人教育理性的回归，是学生教育主体的回归，是社会公益场馆的回归，也是未成年人图书馆的回归。

充分发挥社会资源的社会价值，进一步强化幼儿对祖国传统文化的感知和体验，对家乡的变化和发展有更深刻的体会，从而激发幼儿对祖国和家乡的无限热爱情感，最终实现幼儿良好社会品质养成的目标。

就现阶段而言，针对学龄前儿童开展早期教育的重要意义已经得到我国绝大多数家长、相关教育工作者以及公共图书馆馆员的足够重视，比如家长正在逐步增加图书和报刊购买量来满足孩子多样化的阅读需求，与此同时，在教育资金投入上也逐渐呈现出上升趋势，启智类儿童图书、杂志、电子图书、音像制品等从橱窗展示转移到了家庭日常生活，其中，公共图书馆阅读已经成为当下家长和孩子的热门选择。而我国的公共图书馆也在自身的服务范畴中新增了婴幼儿服务，通过这样一个服务内容调整体现对婴幼儿年龄段未成年群体的关注度。

处于婴幼儿（0~3岁）阶段的孩子，智力相对比较稚嫩，无论是识字，还是理解能力都相对较弱，因此需要成年人解释和引导，才能获得故事内容的基础理解。也正因此，家长和监护人对其阅读方面的影响是非常重要的，家长的有效参与可以激发孩子的阅读兴趣，有效提升阅读质量，因此对婴幼儿阶段孩子阅读活动的完成必不可缺。但从现实的角度来讲，公共图书馆开放的婴幼儿阅读服务过于凸显婴幼儿的工作重心，对婴幼儿阅读服务的对象应当包括婴幼儿、父母、监护人、看护人员、教育者、健康护理专员和其他与婴幼儿相关的成年人这一内容的认识不够清晰。基于此，培养教育婴幼儿监护人工作将成为公共图书馆工作的重点。

对于婴幼儿而言，与说话、唱歌一样，阅读同样可以有效促进其语言能力的发展，因此公共图书馆开展针对婴幼儿群体的阅读服务至关重要。环境对一个人的影响是潜移默化但深远长久的，对于婴幼儿早期阅读能力培养而言，家庭和公共图书馆的合作联动将发挥重要作用。首先，公共图书馆需要调整阅读环境，以婴幼儿的兴趣心理为出发点创设能够激发婴幼儿兴趣的阅读环境。而这种环境的营造，除了要具备舒适的基本特点外，还应对婴幼儿寻求帮助的意愿培养以及探索答案、了解资源技术有一定辅助作用。尤其是针对那些存在特殊需求的婴幼儿（比如双语婴幼儿），在入学前就开始公共图书馆阅读服务体验影响力巨大。

从服务理念和指导思想的层面来讲，公共图书馆要提高对婴幼儿阅读服务的重视程度，并积极落实相应服务内容，比如在公共图书馆馆内区域划分上增加低幼儿区，设置专门的阅览室供幼儿早期阅读等。现阶段，我国多数公共图书馆已经逐渐对学龄前儿童的阅读推广重要性有了深刻的认识和体会，针对婴幼儿阅读的配套服务相继出现在各大公共图书馆。

在落实公共图书馆婴幼儿阅读服务的政策方面，公共图书馆首先要提高婴幼儿阅读服务策略制定的计划性，确保公共图书馆婴幼儿阅读服务活动有明确的方向，同时也进一步强化公共图书馆以往活动、计划开展活动及定期持续性活动和服务内容等在婴幼儿家庭中的清晰认识。同时，要始终贯彻低龄儿童"玩学统一、相辅相成"的基本原则来开展学龄前儿童阅读服务，这就要求各级公共图书馆要立足自身馆情，综合考虑区域范围内婴幼儿教育实际，确保婴幼儿阅读计划和服务模式与自身发展条件的相互适应。

2. 中小学生阅读服务

结合信息时代中小学生的阅读现状来看，强化公共图书馆对中小学生的阅读服务对策具有非常重要的现实意义。具体来讲，切实落实这一策略，我国公共图书馆需要重点落实以下三方面工作：

（1）提高馆藏资源建设的针对性。即公共图书馆要保持对中小学生阅读实时状态的敏感度，从而在重点图书和信息资源的补充和完善层面满足中小学生的现实需求，例如，增加以爱国主义教育和思想品德教育为目的的读物；优选与中小学生阅读心理相适应，有助于提升理性思维和科学探究精神的社会科学和自然科学读物；与现阶段时代特征贴近的优秀儿童读物；符合儿童年龄特征和兴趣的课外读物；以拓宽中小学生课外阅读视野为目的的相关参考工具书、教育教学参考资料、试卷及数据库资源等。

（2）提高服务方式的人文关怀和个性化水平。人文关怀和个性化的服务方式对于公共图书馆服务质量的提升具有至关重要的作用。一是人性化的服务时间。中小学生群体日常大部分时间都在学校内学习文化知识，所以他们利用公共图书馆的时间仅局限在课余时间或节假日，因此针对这一特殊群体，从服务时间上做出适当延长对于中小学生合理利用公共图书馆资源而言是最基本、关键的内容。二是满足人性化的阅读需求。处于学习初级阶段的中小学生的阅读需求也是多样化，因此，公共图书馆要在资源环境和文化氛围上给予充分的保障，比如积极建立与学校、家庭之间的合作共赢关系，通过开展具有较强针对性的阅读服务活动丰富中小学生的阅读积累，总之，满足中小学生的阅读需求应当成为公共图书馆阅读服务活动的核心。三是人性化的创新服务项目。这一点要求的提出是为了适应中小学生多样化的课外阅读需求，具体来讲，可采用以下方式：为便利中小学生随时随地进行阅读，公共图书馆可以设置基层、社区图书流通点，为各级各类学校和儿童教育机构开通图书流动服务；拓宽公共图书馆的服务功能，开展个性化服务（如网上咨询、专题资源推送等）。

（3）提升中小学生课余生活的多样化和趣味性。在满足中小学生多样化阅读需求方面，公共图书馆要不断提升自身服务的自由化、开放度、多形式和全方位水平，除了营造和谐健康阅读环境和氛围外，还应该将与中小学生个性相契合的读物送到他们身边，因此对拓展公共图书馆阅读服务而言，其中一个非常重要的内容就在于对中小学生开展针对性的阅读指导服务。其中，有计划性地对中小学生进行阅读指导课的教学就是有效方法之一，通过这样的方式，学生可以掌握更多的图书知识、图书查询知识，可以锻炼自身对公共图书馆的有效利用能力、自学能力和知识获取能力。

对于中小学生应试教育而言，作为"第二课堂"，阅读指导课发挥着积极的辅助作用，既有利于中小学生构建完整的知识系统，推动提升学习质量，又可以帮助公共图书馆在新的历史发展时期建立自身的社会公益形象，并通过一些创新举措赢得学生的认可和学生家长的信赖，从而真正发挥社会公共图书馆的社会价值和公益价值。

（二）未成年人的读者服务工作内容

1. 公共图书馆针对未成年人服务工作的性质

未成年人公共图书馆服务建设工作的重点在于加强对未成年人的教育，为未成年提供阅读指导。公共图书馆馆员应该注重整理馆藏资源信息，当未成年到达公共图书馆时，应该积极向他们推广和推荐图书和文学作品，丰富阅读形式，让未成年人热爱读书，愿意读书。未成年除了健康成长以外，还有综合素质需要得到全面提升。公共图书馆针对未成年人服务工作性质如下：

（1）教育性。公共图书馆是一个社会机构，承担着教育的职能，在致力于未成年人成长的道路上有无可替代的作用，担负着传播知识和教育未成年人的责任。公共图书馆首先应该完善未成年人的馆藏资源体系，确保这些馆藏资源能够体现自己的价值。公共图书馆的功能汇集了学校、家庭、社会三者的教育作用，使未成年人通过公共图书馆来学习丰富的知识，培养自己独立学习、独立思考的能力。

公共图书馆结合了现代设备与传统方式，现代设备有公共图书馆网站、移动终端，传统方式有报纸、展柜、公告栏等。通过广泛的公关活动的开展，向未成年人介绍了公共图书馆内优秀的文化信息资源。为了吸引未成年读者，公共图书馆在活动形式上不断创新，尤其是在传统节日会策划与之相关的读书活动，提高未成年人的读书兴趣。特别是儿童节期间，公共图书馆工作人员积极开展不同形式的阅读指导活动，提高读者的阅读兴趣，帮助他们养成阅读习惯，形成正确的阅读观。通过活动，让未成年人热爱阅读，积极参与到阅读中来，既增长知识，又提高阅读能力。

（2）服务性。公共图书馆读者服务项目需要向读者提供馆藏资源，这是公共图书馆最基本的服务工作，公共图书馆将丰富的少儿馆藏资源收集、整理，让未成年读者积极使用这些馆藏资源，通过现代技术进行阅读和使用，公共图书馆会通过宣传、借阅、阅读和下载等方式，向未成年读者提供文学和信息资源，满足他们对文化知识的阅读需求。

以未成年人公共图书馆服务工作者为例，服务对象为学龄前儿童、中小学生及他们的家长等，不同类型的读者的阅读需求不同，因此需要合理区分他们，识别他们的阅读需求，为他们提供贴心的服务。公共图书馆要牵头联系相关需要服务的机构，进行教育教学合作，根据他们的实际需要提供相应服务。

（3）学术性。公共图书馆学与多门学科有着紧密交织的联系，公共图书馆学是一种实践性强的实用学科。在公共图书馆，未成年人服务项目具有独特的规律和特点，这也说明公共图书馆未成年人服务项目不同于其他服务项目，公共图书馆中针对未成年的服务工作是重要的工作内容，有一定特殊性。

随着公共图书馆学研究的不断深入，公共图书馆未成年人服务工作研究有非常重要的内涵，理论价值高，实践价值强，具有非常强的学术性。

（4）娱乐性。公共图书馆满足人们享受文化休闲娱乐的需求，未成年人在公共图书馆，充分利用这里的资源和环境，不管是阅读文学作品，还是与朋友在线聊天，享受公共图书馆有人文关怀的服务，都是一种非常惬意的休闲方式，让他们度过了一段悠闲的时光。

（5）社会性。公共图书馆未成年人服务的发展不止需要公共图书馆的努力，还需要全体社会的关注和支持。公共图书馆往往需要联合学校、学前教育中心等教育部门以及其他社会相关组织开展丰富多彩的阅读活动。

公共图书馆阅读活动采取"准入、邀请"方式，在各种社会资源的帮助下，积极推进全民阅读的发展，不断提升公共图书馆在社会上的价值，扩大自身的社会影响力。

2. 公共图书馆针对未成年人服务工作的职能

公共图书馆是未成年人开展活动的重要场所之一。随着信息时代的不断发展，世界的经济、文化和科技环境有了翻天覆地的变化，公共图书馆的功能作用也变得更加丰富，有着更深远的影响和作用。

（1）社会教育的功能。未成年人社会教育是公共图书馆最基本的教育方式之一，具有独特的教育特色和交友价值。自从未成年出生，就可以开始培养他们的阅读能力、终身学习能力、信息检索能力、艺术素养能力、文化科技探索能力、艺术鉴赏能力等方面的内容，这也已经成为公共图书馆的重要实施项目。公共图书馆未成年人志愿服务通过引导青少年阅读推广活动达到上述目的。不仅如此，对于未成年的服务工作，公共图书馆的社会教育工作中，还有帮助未成年人的父母和其他与未成年人打交道的人，帮助他们寻找、评估和使用与未成年人建立和谐关系所需的信息和技能，帮助他们更好地学习和阅读。许多公共图书馆提供的家庭教育指导是未成年人社会教育的重要组成部分，为未成年人提供极大的帮助，当他们在获取知识的过程中遇到问题时，公共图书馆能够提供解答，他们能够获得来自公共图书馆的支援。公共图书馆拥有优美、舒适的阅读环境，未成年人可以自由、愉快地自主阅读，接受思想教育，利用学到的各方面的知识帮助自己从事各种文化娱乐活动。对于未成年人来说，公共图书馆是健康成长的避风港，也是提升技能的宝贵场所。

（2）馆藏资源保护中心的功能。公共图书馆为未成年人形成了各类图书信息资源，开展专门针对未成年人图书信息资源的服务工作，帮助他们借阅、推荐、指导、分发等工作。公共图书馆有多类型和多层次的馆藏资源，有丰富的图书期刊、音像资料、电子资源等，涵盖未成年人对文学和信息的阅读需求。

（3）馆藏资源服务中心的功能。公共图书馆将馆藏资源进行了有序整合，在其基础上，以优雅舒适的环境和各种先进的科技手段为纽带，积极开展多样化、全方位的服务方式。不断推出各类青少年阅读推广活动，一方面通过优质服务吸引未成年读者进馆，另一方面通过向有需要的读者发送馆藏资源，满足未成年读者，家长及其他相关人员的需求，这也是公共图书馆的馆藏资源服务中心的功能。

3. 公共图书馆针对未成年人服务工作的作用

（1）有助于指导未成年人的阅读行为。对未成年人进行阅读指导是公共图书馆未成年人服务工作的重要任务之一，在时代的发展浪潮中，该工作的落实和质量保障都将离不开与社会教育部门、未成年人家长及其他相关机构的通力合作。

第一，在落实未成年人阅读指导工作方面，公共图书馆社会责任重大，也正因此，需要公共图书馆不断升级自身的未成年人服务质量，同时引导公共图书馆馆员提升个人素养。具体到工作实践上来讲，未成年人必须在公共图书馆馆员的正确引导下，突破应试教育知识获取的局限，树立多读书的意识，通过合理利用公共图书馆资源，建立自身更加完善的知识体系。

第二，为了吸引更多的未成年人到馆阅读，公共图书馆馆员必须立足公共图书馆现有资源优势，创设能够激发未成年人阅读兴趣的有趣环境。

第三，在更好地落实未成年人阅读指导工作方面，公共图书馆员还应尤其重视未成年人的心理状态这一基本前提，只有这样，才能有效保障未成年人教育工作和未成年人家长指导工作的正常进展。

（2）有助于加强未成年人的交流合作。作为我国公共图书馆少儿馆员的责任体现，通过对国内外成功经验与做法的借鉴带动我国公共图书馆未成年人阅读推广工作的进一步推广和发展具有非常重要的现实意义。在强化与国内外的交流合作方面，我国公共图书馆向来比较重视对国内外公共图书馆未成年人教育成熟经验和优秀做法的汲取和借鉴。近些年，我国众多学者已经从意识层面逐渐建立起了对西方国家先进阅读理念、阅读服务和阅读推广方式的关注度，并且在理论研究、推介活动方面进行广泛应用和深度实践。

（3）有助于丰富未成年人的知识获取。作为推动未成年人成长的"第二课堂"，与应试教育不同，公共图书馆的教育方式更加强调自觉和自愿。公共图书馆馆员通过展现自身的人格魅力使未成年人信任自己，通过自身工作实践引导未成年人到公共图书馆阅读。为每个学习者阅读提供一个舒适的阅读环境和丰富的馆藏资源是公共图书馆的责任，因此，每位阅读者都可以享受公共图书馆的免费开放服务，也可以以自己的兴趣爱好和现有认知水平为基础有针对性地选择使用公共图书馆的信息资源。公共图书馆未成年人服务工作具有明显的公益性，它充分尊重每个到馆图书阅读者的阅读需求和图书资源选择自由，确保每位阅读者知识获取方面的平等地位，并积极引导未成年人对科学文化知识的自主探索能力，这既体现公共图书馆未成年人服务工作的职责，又代表了公共图书馆少儿馆员的孜孜追求。

4. 公共图书馆针对未成年人服务工作的原则

（1）坚持平等服务原则。作为服务于全体国民的文化事业机构，公共图书馆一定程度上对未成年人平等享受文化、自由获取公共文化资源发挥了重要保障作用，更进一步来说，它在未成年人身心健康发展方面同样发挥着重要的引导作用。

公共图书馆对未成年人的合法权益（如受教育权、阅读权、信息权、文化科技进步权、参加社会文化生活权以及享受服务权等）实现发挥重要的保障作用，这种作用的实现主要取决于公共图书馆的社会教育属性。从建立伊始发展至今，从缺乏对未成年人拥有公共图书馆使用权的认识到对未成年免费开放借阅服务，我国公共图书馆可谓经历了一个漫长的过程。随着现代社会文明的不断发展，公共图书馆不但越来越关注儿童权利和未成年人的平等服务，其所倡导的儿童服务理念更成为现代社会文明的重要特征。进入 21 世纪，为了进一步明确公共图书馆未成年人服务工作的责任与义务，国际公共图书馆协会与机构联合会接连发布了三部未成年人指南（《婴幼儿公共图书馆服务指南》《儿童公共图书馆服务指南》和《青少年公共图书馆服务指南》），其中明确规定和说明了未成年人享有自由选择读物的权利，这三部指导性文件有力促进提升世界各国公共图书馆未成年人服务工作的质量。

面向全社会开放是公共图书馆区别于其他类型公共图书馆的显著特征，这也就意味着服务对象的多样化。简单来说，就是未成年人在公共图书馆同样享有被平等服务的权利，尤其是低龄儿童和无法正常享受公共图书馆服务的未成年群体公共图书馆应当予以保障平等权利。作为社会公益文化机构，公共图书馆在组织各类未成年人服务的职责和要求方面的内容通过我国相关法律法规得到明确规定，各级各类公共图书馆都应严格遵守相关的法律法规，积极组织各种形式的未成年人阅读服务活动，尤其是针对低龄幼儿和弱势儿童群体的服务活动，不断延展自身的服务领域来提升自身服务的人性化和个性化水平。

（2）坚持免费开放原则。在改革开放的进程不断加快，以及我国经济发展的过程中，我国公共图书馆的服务环境、服务设施、服务方式和服务能力都得到显著提升，这一切都得益于党和政府加大对公共文化事业的资金和政策支持力度。21世纪初，我国公共图书馆的公益属性得到进一步体现，这既是推动社会主义文化大繁荣和大发展的重要要求，又有利于全民文化素质的整体提升。在我国公共图书馆向社会免费开放方面，为未成年人提供免费和平等的服务发挥重要的方向指导和内容指引作用。

（3）坚持"儿童优先"原则。随着我国儿童保护相关政策、法律法规及指导性文件的相继出台，我国公共图书馆在确立和实施"儿童优先"基本原则方面拥有坚实的理论基础和法律依据。在儿童优先原则的指导下，未成年人需求成为公共图书馆政策制定、建设设施完善、馆藏资源建构和公共图书馆馆员服务升级的首要内容，因此他们在为未成年人提供优质服务方面才能不遗余力，而这也奠定了儿童优先原则在公共图书馆管理与服务中的基础性地位。与此同时，在确保未成年人在公共图书馆的人身安全方面，也需要公共图书馆方制定切实可行、科学有效的未成年人安全服务政策和制度。

二、公共图书馆未成年人数字资源建设建议

（一）符合少儿需要，提供清晰工作思路

第一，明确服务对象。公共图书馆在建设未成年人数字资源时，首先应明确服务对象，即不同年龄段的未成年人，包括幼儿、小学生、初中生和高中生。针对不同年龄段的未成年人，图书馆应提供适合其认知水平和发展需求的数字资源。

第二，调研阅读需求。公共图书馆应通过问卷调查、访谈、观察等方式，深入了解未成年人的阅读兴趣和需求。调研结果将为数字资源的选择和采购提供依据，确保资源建设的针对性和实用性。

第三，优化资源结构。根据调研结果，公共图书馆应优化数字资源结构，平衡各类型资源，如电子书籍、电子期刊、在线数据库、多媒体资源等，以满足未成年人多样化的阅读需求。

第四，强化互动性。针对未成年人的特性，公共图书馆的数字资源应具备一定的互动性。例如，提供在线问答、互动游戏、虚拟实验等，以激发未成年人的阅读兴趣和参与热情。

第五，注重用户体验。公共图书馆的数字资源应具备良好的用户体验，包括界面设计友好、操作简便、检索功能强大等。此外，还应提供多终端访问，如电脑、平板、手机等，以满足未成年人在不同场景下的阅读需求。

第六，加强宣传推广。公共图书馆应通过举办活动、开展培训、利用社交媒体等多种途径，加强数字资源的宣传推广，提高未成年人的数字阅读意识和能力。

第七，持续更新维护。公共图书馆的数字资源建设是一个持续的过程，需要定期更新和维护。图书馆应关注未成年人的阅读动态和新技术的发展，不断调整和优化数字资源，以满足未成年人的阅读需求。

（二）塑造精简数字语境，精准揭示资源

公共图书馆的数字资源具有异构性、多元性和离散性等特征，且未成年人的

信息素养能力尚处于快速发展的关键时期，在公共图书馆官方网站中检索数字资源时需要直观、易搜索的检索入口和方式。

重视对未成年人数字资源的整合，在官方网站中设置专门的少儿栏目，或者在"电子资源"栏目下增加"少儿资源"导航，突出重点，优化网站设计，提高用户体验和资源利用率。同时，加强对未成年人的信息素养教育，定期开展数据库使用培训，提升未成年人的数据素养。

公共图书馆应积极构建可视化动态数字资源，开展多样化的智慧公共图书馆资源建设。各公共图书馆在进行未成年人数字资源建设时，调研广大未成年人及其家长的使用需求，有针对性地建立符合未成年人认知水平、能够促进其全面发展的高质量数字资源体系；好数字资源的甄别采访工作，在种类丰富、数量众多的商业数据库中选择能够满足本馆用户需求的数据库，有计划地完善未成年人资源体系建设工作。在建设数字资源的过程中，要注意创新资源建设路径，推出个性化服务方式，在5G、VR、AR等技术的加持下，打造多模态、沉浸式的学习空间和创客空间。

（三）资源跨平台共享，加大开放获取力度

公共图书馆要减少访问限制，扩大馆外访问权。随着智慧公共图书馆的建设发展，公共图书馆应积极拓展数据资源服务平台，利用官方网站、微信公众号、微博、App等方式减少对用户的访问限制，与用户建立良好的互动。

各公共图书馆之间应进行积极的馆际合作、资源共建、区域联动，有效节约成本，实现未成年人数据资源的共建共享。各省、市公共图书馆学会可担任各机构与公共图书馆之间合作的桥梁，共同建立未成年人数字资源建设小组，实现公共图书馆资源的整合，制定阶段性目标和长期目标，以及制定相关规章制度。在具体的建设的实践中应注意以下几点：跨区域联合采购资源，提升商业数据库采购话语权；加大技术投入，建立跨省资源共享平台；建立可持续的合作共享关系，打造资源共建空间，实现对未成年人数字资源的有效利用。

（四）技术驱动自建数据库建设

目前，我国省级公共图书馆自建的未成年人特色资源较少，公共图书馆应结

合当地特色资源和未成年人成长需求建设未成年人资源库，从而获得独特的资源优势，拥有更多自主版权的资源库，这不仅能够摆脱商业数据库对于共享的限制，还能够发挥传承区域文化的功能。

第一，围绕区域文化特色，建特色数据库。例如，河北省公共图书馆自建的"唐山皮影"特色数据库，围绕皮影文化和民间风俗进行资源挖掘，借助皮影戏、动画等多媒体形式，让未成年人在轻松愉快观赏皮影戏的同时接触区域文化的认知和学习。

第二，围绕本馆特色馆藏及活动资源，建设未成年人数据库。公共图书馆可以以本馆的品牌活动或讲坛资源为基础，借助多媒体数字化的形式吸引未成年人关注。如重庆公共图书馆的"童话森林读书会"、南京公共图书馆的"古诗词线上问答"等特色资源库。

第三，与其他公共图书馆建立区域联盟，共同开发未成年人数字资源，有利于整合资源、提高服务质量、促进阅读素养提升和推动图书馆事业可持续发展。在这一过程中，各图书馆应积极沟通协调，共同为未成年人提供更加丰富、优质的数字资源，为我国图书馆事业的繁荣做出贡献。

第五章 高校图书馆资源建设的实践应用

◆ ## 第一节 高校图书馆的地方特色文献资源建设

一、高校图书馆地方特色文献资源建设的原则

第一，地方特色优先原则。"高校图书馆以服务教学与科研为价值使命，并以满足读者需求为出发点和落脚点。"① 地方特色文献资源是高校图书馆文献资源的重要组成部分，它反映地区的历史、文化、社会和经济特色。在资源建设过程中，应优先考虑本地区的历史文献、地方志、民间传说、非物质文化遗产等具有鲜明地域特色的文献。这些文献不仅具有学术价值，也是地方文化传承的重要载体。因此，高校图书馆在采集和整理文献时，应将地方特色文献作为重点，确保这些文献得到妥善保存和有效利用。

第二，服务地方经济发展原则。高校图书馆的地方特色文献资源建设不应脱离实际，而应当紧密结合地方经济发展的需要。通过对地方特色文献资源的开发和利用，可以为地方政府决策、企业研发、社会服务提供信息支持。例如，地方特色农产品的研究文献可以促进农业产业发展，地方旅游资源的文献可以助力旅游业繁荣。因此，高校图书馆在建设地方特色文献资源时，应充分考虑地方经济发展的实际需求，提供针对性的信息服务。

第三，可持续发展原则。高校图书馆地方特色文献资源建设应遵循可持续发展原则，确保资源的长期保存和持续更新。这要求图书馆在资源建设过程中，既要注重文献的采集和保存，也要关注文献的整理和开发。同时，图书馆还需要建

---

① 柏艺莹. 重大公共卫生危机背景下高校图书馆读者服务模式的演变分析 [J]. 兰台内外，2021 (25)：55.

立健全的管理制度和服务体系，保障文献资源的可持续利用。此外，图书馆还应积极探索数字化、网络化等新型服务方式，提高地方特色文献资源的利用效率和影响力。

二、高校图书馆地方特色文献资源建设的实践成果

（一）江南大学图书馆地方特色文献资源建设

江南大学图书馆在推进"双一流"学科建设背景下，积极探索地方工商文化文献资源所呈现的多元价值和文化优势，通过明确特色文献资源的内涵、资源收集路径、收录标准，系统化搜索与梳理地方特色文献资源，进行整理、数字化、存储、数据库平台开发，持续建成支持地方民族工商文化研究与发展的地方特色文献数据库。

第一，汉民族民间服饰资源与特色数据库。为了更好地为我国纺织服装专业的教学和科研服务，校图书馆联合纺织服装学院将该传习馆搜集的实物进行数字化加工处理，并收集与之相关的期刊论文、会议论文、图书、网页等，建成"汉民族民间服饰特色数据库"。该网络数据库提供一个了解和研究中国汉民族民间服饰传承文化、弘扬传统文化的网络平台。

第二，荣氏资料特藏与荣氏资料数据库。图书馆建有"荣氏纪念馆"及专门的特藏室，陈列有近代以来荣氏人物、荣氏家族捐资建立的学校、企业、桥梁等多种图片、展品，收藏相关纸质文献（图书、画册、档案、资料）几百余种。在学校领导的支持下，图书馆利用荣氏专项资金建立"荣氏资料数据库"。该数据库收集"中国民族资本家的首户"——无锡荣宗敬、荣德生家族实业报国、服务社会的相关史料，资源包括图书、期刊、报纸、论文、图片、影像、著述、档案史料等，数据库分为七个模块，包括首页、荣氏人物、荣氏企业、荣氏事业、荣氏研究、资料检索和数据联盟。

第三，民族工商文化特藏馆及数字化建设。"民族工商文化特藏馆"项目于2021年10月启动，通过专家论证后申报立项，项目建设方案于2022年12月在江南大学校务会获得通过。目前，收集、整理无锡地方历代工商文化文献资源

（图书、档案、手稿、书信、文书、照片、地图等资料）几千件。除了广泛收集国内出版的文献资料、内部出版物及海外资料，还注重口述史料和音视频等非物质文化遗产资源的收集。为发挥特藏馆学术共享空间和对外交流的功能，投入专项资金建设特藏馆物理空间、虚拟空间、智慧阅读与研习设备。该项目的建设目标是建成一个无锡最完整、国内权威的地方民族工商文化特色文献中心、学术交流中心及数字化服务共享平台。

（二）兰州大学图书馆的特色文献资源库

第一，敦煌学数字图书馆，由校图书馆与敦煌学研究所联合创建，主要包括敦煌石窟、敦煌遗书、敦煌文献三个数据库，可提供窟龛、方位、图版、壁画、彩塑、题记、白描画等方面释文信息检索。

第二，西北灾害研究数据库，主要包括基础信息数据、西北灾害研究数据库、专家名师库等三个部分，通过对有关西北地区重大灾害研究文献的收集、整理与数字化等工作，将零散、杂乱的史料及其他资料变成有序的信息源，供学界利用。

第三，甘肃非物质文化遗产数据库，内容包括甘肃特色非物质文化遗产的基础信息数据、音视频资料、图片、历史文献和现代研究文献，有利于甘肃省非物质文化遗产的传承保护和开发利用。

第四，西北边疆文献中心，重点收藏西北各民族语种的社会文献资料、跨国民族及中亚史地资料、西北地方史地研究资料、西北冰川冻土、沙漠治理资料、西北地方文物研究资料等，有效集中了西北地区的特色藏书。

（三）西北师范大学图书馆的特色文献资源库

第一，西北地方文献库，着重收录西北五省（区）及内蒙古西部等毗邻地区政治经济、历史地理、民族宗教、语言文字、文化教育、体育卫生、工农业生产、自然生态等方面的各种题材、各类载体的文献资料。

第二，古籍善本库，建有电子目录，方便读者检索使用。

第三，丝绸之路研究文献数据库，所收集文献资料时间上溯至秦汉时期，下至 1997 年底，地跨陕西、甘肃、新疆三省（区）等地区收录而来的论文、书籍题录。

（四）西北民族大学图书馆的特色文献资源库

第一，民族文献题录数据库，收集了国内外各期刊中有关我国西北少数民族研究的主要文献题录。涉及宗教民俗、社会经济、文学艺术、音乐舞蹈、饮食服饰、医疗卫生、杰出人物等多个领域，便于读者检索利用。

第二，藏文古籍文献书库，收录了唐代藏文写卷《大乘无量寿宗要经》、明代木刻版《丹珠尔》、手抄本《甘珠尔》《宗喀巴全集》《克珠全集》《嘉察全集》《五世达赖喇嘛全集》《拉卜楞寺活佛历世嘉木样全集》《格萨尔王传》《米拉日巴传》，以及其他文集、传记、大小文明学、佛教典籍等多种文献。

第三，甘肃特有民族研究数据库，涉及裕固、东乡、保安等甘肃省特有少数民族在宗教民俗、社会经济等多个领域的研究成果，具有浓厚的西北民族特色。

（五）甘肃农业大学图书馆的特色文献资源库

第一，高原草地畜牧业专题数据库，专门针对我国高原畜种进行文献收集、整理与标准化著录，以畜牧学、兽医学、草原学等学科体系为分类依据，集纳了该领域期刊论文、学位论文、会议文献、专利文献、标准文献等。

第二，干旱生境作物学专题数据库，专门针对我国干旱、半干旱地区生境作物进行文献收集、整理与标准化著录，以作物学、节水农业、农业管理等学科体系为分类依据，建成学术论文、期刊、著作、会议文献、标准、专利、科技成果、视频等模块。

第三，甘肃农耕文化专题数据库，广泛收集、整理反映甘肃农耕文化的各种文献信息资源，并进行了数据标准化的分类标引，根据不同文献载体分为图书库、期刊库、学位库、报纸库、方志库、图片库、音视频库、网络资源库、文化动态库等子库。

三、高校图书馆地方特色文献资源建设对策

（一）多方协同支持，加强整体规划

高校图书馆在确定建设与开发地方特色文献资源之前，应先制订前瞻性的建设规划，召集地方文化人士、校内外专家学者等进行座谈，论证项目建设与开发的必要性和可行性，并广泛征求地方文化主管部门、文博档案等方面的意见。

根据所属高校的整体发展规划，结合学科与人才建设目标以及现有特色馆藏资源与发展条件，确立本馆地方特色文献资源建设、数字化开发的整体规划与实施方案，包括地方特色文献资源建设的目的，特色文献资源收集、保存与开发的内容、范围、载体、年限、方法与途径等内涵定位，将建设目标、收集、保存与开发定位等纳入图书馆文献信息资源建设整体规划中。

高校图书馆地方特色文献资源的各项建设规划及实施方案，离不开政策、资源、资金与专业人员等保障，需要争取学校领导的支持，图书馆要就建设规划与实施方案定期向学校领导汇报情况，以便学校顶层在政策、经费、人力等方面给予图书馆足够的支持。另外，高校图书馆地方特色文献资源建设是地方文化建设与开发的一部分，需要地方政府及地方相关机构的支持。

高校图书馆要主动融入地方文献资源建设体系之中，积极主动配合和参与地方文化主管部门制订全面、整体、长远建设与发展规划，共同确立协同发展战略，争取获得地方政府、地方机构及有关社会力量的支持以持续性建设与开发地方文献资源。

（二）突出选题特色，打造文化精品

高校图书馆的馆藏文献资源大都具有鲜明的学科性、主题性与地方文化色彩，地方特色文献资源建设的选题，要综合考虑所属高校学科建设的重点方向与发展方向、高校教学与科研的实际需要、地方文献资源的独特性与学术价值，以及建设的必要性、可行性与持续性问题，并且结合地方文化发展目标和发展规划等因素，确定本馆地方特色文献资源建设的核心主题。

地方历史文化传统、名园名胜古迹、名人名流名著、民间风俗习惯、音乐曲艺戏剧、书画艺术摄影等历史文化元素，都有可能成为推动地方社会、经济与文化发展的地域性特色资源，必须深度挖掘这些资源的主题。根据地方特色文献资源的核心主题，梳理地方史料、组织编纂出版地方文库、举办地方民俗文化展览与座谈会、召开地方历史文化研究会等，不断推进地方特色文献资源的收集、整理、保护、数字化加工及数据库平台开发等，尽力将特色文献馆藏资源打造成地方特色文化精品。

（三）多措并举拓宽收集渠道，不断丰富地方文献馆藏

地方历史文献资源具有生成时间悠久、分布区域广泛、类型庞杂、数量众多等特点，高校图书馆仅仅依靠自身力量很难做好收集工作，必须多措并举以拓宽收集渠道。

第一，社会化征集，要以资料的保存价值与读者需求为基本出发点，有选择地收集和购买本区域历史文化资料，要避免追求多而全。征集工作要争取社会大众广泛参与，鼓励本地民众提供散落于民间的历史资料，多方宣传与收集与地方文化记忆有关的重要文献。

第二，主动出击，实施"走出去"战略，图书馆成立地方特色文献中心，定期主动与地方史志办、政协、作协、文联、文化党史等地方主管部门及相关机构进行沟通和交流，与出版社、书店、地方图书馆等进行有效对接，了解地方文献作者、出版、流传和收藏等信息，及时收集与购置地方文献。

第三，广泛收集数字化网络资源，注重保存和下载电子文献；检索到的重要书目信息要通过国内图书馆协作网和文献传递网络索取和获得原始文献，并及时进行存储、整序、复制和加工，不断丰富地方文献馆藏资源。

（四）强化协同合作，构建地方特色文献资源联盟

高校图书馆仅靠自身的力量难以独立承担地方文献资源建设的重任，应当建立全方位的合作与沟通机制，不仅与校内档案馆、文史馆等机构加强合作，还需要与地方各级公共图书馆、其他兄弟院校图书馆、档案馆、博物馆、史志办、报

刊社、出版社等机构建立长期的相互协作关系。

在人力、物力和技术等方面需要寻求上级主管部门、地方政府、各级科研机构、企业、社会团体等各方力量的支持。在资源收集、整合、开发及利用方面，需要构建地方特色文献资源联盟，形成长期的合作机制与协同保障机制，既拓宽地方文献来源途径，扩大资源覆盖率，也进一步提高资源利用率，同时加大地方特色文献资源的开发力度。

相关联盟单位要以"共建、共享、共用"为工作目标，打破各机构间的界限，利用各自的资源、人才、技术等优势，分工合作补充地方文献资源馆藏，采用分布式数据库、云存储、智能检索等技术，协同建设地方特色文献资源数据库，实现地方文献全媒体资源的共享和共用。通过纵向与横向跨界协同合作，构建地方特色文献资源收集、开发与利用的保障系统。

（五）加强数字化与标准化工作，确保数据库开发利用效能

地方特色文献资源数字化采集、管理工作要标准性与规范化，采用标准的、统一的文献采集管理规范，确保元数据、书目数据结构和文献存储格式等规范化，确保数字资源的完整性、规范性与权威性，确保特色数据库建设质量。对特色文献进行数字化加工，除了进行文本数字化、图片扫描之外，有时还要构建特定的数学模型进行内容识别处理。

数据库平台是数字化资源的核心支柱，一个好的检索平台应具备以下功能：平台须兼容多种媒体和多种类型的数据，包括支持文本、图像音频、视频等多媒体数据以及题录、文摘与全文格式；平台须支持多种检索技术，包括布尔逻辑运算、优先运算、词组短语检索、年代与文献类型等限制检索等；平台须具有多种检索功能，包括多种检索方式，如简单检索、高级检索、组配检索、二次检索、全文检索等；能确保数据安全性，具有远程管理与操作的功能；能持续支持平台的升级与维护。检索平台的功能直接影响用户的检索效果，因此数据结构的设计与数据库平台的选购至关重要。

◆ 第二节 高校图书馆的资源"双一流"建设

"图书馆作为师生汲取知识的窗口，在'双一流'高校中的地位就显得尤为重要。"①"双一流"建设的主要内容涵盖人才培养、科学研究、社会服务、文化传承，以及国际合作交流等多方面。在这些方面，高校和学科需要达到甚至超过国际先进水平，形成自身的特色和优势。高校图书馆在"双一流"建设中起着关键的支持和推动作用，不仅需要提供丰富的学术资源，还需要通过各种服务提升师生的学术能力和信息素养，同时也需要不断创新和提升自身的服务水平和质量。

一、高校图书馆的资源"双一流"需求

第一，学科导向。随着"双一流"建设的推进，高校越来越注重学科建设和优势学科的发展。作为学术资源的中心，图书馆的资源建设也需要与学校的学科发展战略紧密对接。这意味着图书馆需要更加关注学校重点学科和优势学科的资源需求，确保这些学科的资源充足、前沿和全面。例如，对于一些特定的研究领域，图书馆可能需要收集更多的专业期刊、学术专著和研究报告，以支持相关学科的深入研究和创新。

第二，质量优先。在信息爆炸的时代，资源的数量虽然重要，但质量更为关键。高校图书馆在资源建设中越来越强调质量优先的原则，注重资源的学术价值和实用价值。这意味着图书馆在采购和整合学术资源时，需要进行严格的筛选和评估，确保所收集的资源具有高度的学术可靠性和实践指导意义。同时，图书馆还需要定期对已有资源进行评估和更新，淘汰过时和低质的资源，以保持资源的高质量和前沿性。

第三，多元化与特色化。在"双一流"建设中，高校图书馆的资源不仅需要

---

① 于芳，胡汉辉，吴应宇. "双一流"高校图书馆人力资源管理创新研究——《图书馆人力资源管理》荐读 [J]. 情报理论与实践，2022，45（12）：210.

满足基础的教学和研究需求，还需要具有多元化和特色化的特点。这要求图书馆在传统纸质图书和电子资源的基础上，进一步拓宽资源类型，收集和提供更多具有特色的学术资源。例如，图书馆可以收集和整理学术报告、会议论文、科研数据等，这些资源往往包含最新的研究动态和成果，对于推动学术研究和创新具有重要意义。此外，图书馆还可以根据学校的特色和地方文化，收集和展示相关的特色文献和资料，以丰富图书馆的馆藏和服务。

第四，国际化。在"双一流"建设中，高校的学术研究和教育越来越具有国际视野和影响力。为了支持学校的国际化战略，高校图书馆需要引进更多的国际学术资源，促进国际学术交流和合作。这包括购买国际知名学术期刊、数据库和专著，以及参与国际学术资源的共建和共享项目。通过引进国际学术资源，图书馆可以帮助师生了解和掌握国际学术研究的最新动态和发展趋势，提升学校在国际学术领域的影响力和竞争力。

二、高校图书馆的"双一流"建设趋势

（一）逐渐提高图书馆藏书标准

选择最重要反映当前学科发展前沿文献资料以及经典文献，不仅要着眼于根据现有科研水平，合理配比资源，从而充分发挥现有资源作用，也要具备较为先进完善前沿意识，还要在条件允许情况下，适当拉高标杆，从而通过高水准、高质量学生资源不断提升科研人员认知水平，充分发挥应有价值以及作用。与此同时，也要格外注意图书馆藏书质量结构，同时格外注意优化以及关联数字资源收藏登记结构、资源型结构以及学科结构等，合理构建布局、特色鲜明、重点突出，并根据当前高校实际情况，创建与之匹配的数字信息化图书馆藏书体系。

（二）以学科建设为中心

"双一流"建设路径是通过一系列创新和改革，合理构建国际一流、国内领先的优势领域以及学科，从而带动相关高质量高水平大学步入世界顶尖或者一流行列。因此，"双一流"建设路径核心以及根本就是进行学科建设。图书馆藏书

资源能为进行学科建设提供宝贵的支撑以及保障,也是学科建设能够顺利开展的重要组成部分。所以,建设图书馆藏书数字资源时,应以学科建设为重要方向,从而进行针对性较强的建设以及优化配置学科。与此同时,应深入了解现阶段学科对资源实际需求以及实际发展情况,并逐渐掌握学科资源图书馆藏书具体情况以及使用情况,从而科学合理制订出针对性较强的规划方案,创建具备较强系统性、针对性、合理性、全面性学科资源保障服务体系,从根本上提升学科资源保障服务水平以及质量。

三、高校图书馆的资源"双一流"建设策略

(一) 合理构建图书馆多元化资源体系

高校图书馆的资源"双一流"建设,需要从根本上构建出高水平高素质科学研究以及人才,高校图书馆就应合理拓展数字化资源范围,由科研、支持教学、管理决策与学科建设等多个方向发展,注意建设科学数据全媒体教学资源以及数字化科研工具等新型资源。在条件允许情况下,积极参与并获取出版权,从而合理构建高校图书馆多元化资源体系。

第一,提供多样化服务。图书馆应遵循科学数据可访问、可发现、可交互原则,积极开发研究利用与发现服务以及管理与存储服务。收集、归纳、提取相关数据资源,并按学科分类排列,提供检索、浏览、下载等服务。

第二,构建数据服务与管理平台。根据高校资源建设情况,构建科学数据服务与管理平台,保存、发布、管理科学数据,鼓励共享开放成果。推广学术工具、数字化科研工具,提升研究与推广进程。购买多媒体学习库、参考工具等数据资源,收集线上信息数据,制作加工高校教材等。

第三,整合开发教学资源。根据高校课程内容与教学资源进行二次整合开发,连接学术专著、论文等教学内容,更新完善教学内容。加强资源质量控制,制定评价体系,建立一站式检索平台,提供用户获取信息的平台。

第四,构建知识资料库。根据图书馆实际情况,构建知识资料库,数字化出版学术成果,提升传播度和可见度。开放点对点出版自主渠道,帮助无自主平台

的科研人员存取利用。

（二）优化图书馆整体采购流程

1. 提供相应数据资源服务

高校图书馆的资源"双一流"建设，只有将资源建设与资源服务结合起来，才能为高校图书馆创新和发展提供更好的支撑。因此，相关管理人员应在不同服务过程以及场景中融入数字化资源建设，并根据实际需求，综合运用一系列信息组织技术以及方法对数字图书馆藏书以及网络建设、本馆购买以及共享资源进行深度开发以及聚合，从而提供针对性较强的数据资源服务。比如，图书馆数据资源按学科进行多方面聚类、开发、整合、揭示以及组织等，从而形成针对性学科信息入口，与科研项目全过程相连接，并根据不同研究阶段需求不同，对相关数据资源按照科研实际需要，进行组织、收集以及整合从而建立与之匹配的数据信息资料库。

2. 优化图书采购计划

高校图书馆的资源"双一流"建设，需要深入理解和把握精准采购的重要性，以此为基础，结合高校的实际情况，对图书馆的整体采购流程进行优化，制订出具有较强针对性和科学性的图书采购计划。

（1）图书馆应当对现有的资源建设进行深度挖掘和探讨，以了解读者需求和图书市场的变化。这样可以为采购决策提供有力依据，确保采购的图书符合学校和师生的实际需求。

（2）图书馆应充分利用云计算、大数据等先进技术，对采购流程进行优化。通过与云平台、EDI 系统①等技术手段的对接，为图书采购提供便捷、高效的方式和方法。这样不仅可以提高采购工作的准确性，还可以提升采购的效率。

（3）图书馆在制订采购计划时，要注重图书的学科领域分布，确保各学科的

---

① EDI 系统是指电子数据交换系统，在图书馆采购流程中，EDI 系统可以被用来与供应商进行电子文档交换，从而实现采购流程的自动化和高效化。通过 EDI 系统，图书馆可以快速获取供应商的报价、产品信息、库存情况等信息，并能够方便地进行采购决策和管理。同时，EDI 系统还可以提高采购流程的透明度和效率，降低采购成本和风险。

图书资源得到均衡发展。同时，要关注国内外学术动态，及时采购最新的研究成果和经典著作，以满足师生在学术研究、教学等方面的需求。

（4）图书馆还应加强与出版社、供应商的合作，建立长期稳定的供书渠道。通过与他们的紧密合作，可以更好地把握图书市场动态，确保采购的图书质量。

（5）图书馆要重视采购过程中的监督与评价，定期对采购计划实施情况进行检查，及时发现问题并进行调整。通过不断优化采购流程，提高采购质量，为高校的教学和科研工作提供有力支持。

（三）完善图书馆数字资源评价体系

1. 图书馆资源建设保障分析

高校图书馆的资源"双一流"建设，应以学科实际需求为重要目标，并合理进行图书馆藏书服务绩效保障以及综合评价，从而实时了解到当前图书馆藏书资源是否满足学科实际需求，从而更好进行相应调整。

高校图书馆可以对核心资源保障进行分析，并利用书目核对法将核心资源目录与学科馆藏进行详细对比，从而确定学科核心资源实际情况。图书馆资源建设保障分析包括，引用文献、核心资源两个定量进行评价，并通过使用、成本进行展开，从而在书、数据库等层级对下载量以及检索量进行归纳以及汇总，从而对下载成本进行重点分析和研究，并重点关注数据库以及书刊，从而详细评价出对本校研发贡献度。

2. 构建新的科学基础姿态

在科学研究方面，数学学术研究、数据密集型研究以及开放式给资源服务以及建设带来非常直观的影响。数学学术研究已经逐步转变为数字化科学研究，并逐渐成为现阶段主要研究方式以及方法，因此，相关科学人员可以熟练使用各种研究工具以及技术，从根本上提升整体研究效率以及质量。数字化技术的不断创新、更新和发展，使得科学数据在科研领域取得了越发显著的成果，从而使得相关科研人员在数据存储、管理、利用、监护以及出版等方面的需求日益增长。而开放式资源服务合力构建出新的科学基础形态，让科研信息提取以及科研人员成果保存、发表、传播以及评论都发生着形式上的变化。因此，在实践过程中，不仅需要相关科研人员能够积极利用身边各种数据资源，也需要能主动参与到开放性科研之中。

3. 多源数据分析

高校图书馆的资源"双一流"建设，要想从教学方面培养出创新型人才，在教学内容上，应从传授传统结构化知识逐步向层次化教学方式转化，并能进行独立思考。从而有效提升其逻辑思维以及拓展能力。比如，合理使用翻转课堂教学模式，通过线上教学方式，在课程开始前先将本节课要讲述知识传授给学生，在课程内进行知识理解、知识拓展延伸以及内化，从而有效提升学生对于学习内容掌握程度，有效提升学生思维能力。

在图书馆决策方面，相关工作人员应以教学以及科研为主，而"双一流"建设路径动态调整机制以及周期性评价需要对当前学科建设实际情况进行全程监测以及跟踪，从而更好地分析以及预判学科发展情况。与此同时，应在多源数据分析基础上，进行资源配置、学科建设规划、人才引进等，从而做出正确决定。

此外，图书馆管理人员在提高文献数据分析数据库重视程度同时，也要引进先进工具，从而更全面、更系统为学科建设服务，也能为科研战略做好相应数据支持。

第三节　高校图书馆的专业数据库资源建设

近年来，国家大力推动学科建设和优化工作，加大学科人才的培养力度，提出要加强资源供给并出台政策支持。高校图书馆作为学科服务的重要阵地，数据库采购是其资源建设的重要内容，无论是综合性还是专业性大学的图书馆，选择数据库资源时都注重基于学科的专业型数据资源的引进及建设。专业化的学科需求使得国内高校充分认识到学科建设的必要性，因此高校图书馆的专业数据库资源建设至关重要。

一、围绕师生需求、学科建设引进高水平专业数据库

学科建设是"双一流"建设的核心和根本。图书馆馆藏资源对学科建设起着不可或缺的文献支撑和保障作用，是学科建设的重要基础。图书馆要在了解师生需求及实际使用情况的基础上制定选择购买数字资源的原则和标准。数字资源应从过去的资源导向转为学科导向，围绕学科发展及学科资源需求引进高水平专业数据库，为学科资源提供科研保障，提高重点学科资源保障水平。在引进高水平的专业数据库时，可提前走访相应的学院，通过问卷调查、访谈、数据库试用等方式对师生进行需求调研，获取其建议或看法，达到精准服务的目的，提高数据库的利用率。

二、适应国际化人才培养需求，引进专业外文数据库

在经济全球化背景下，高等教育的目标是培养具有深厚家国情怀和国际竞争能力的高素质国际化人才。国际化人才培养需要既有深度，又有广度，这就对人才培养的知识储备提出更高要求。图书馆作为数字资源的提供者，应该根据需求加大引进专业外文数据库力度，满足国际化人才培养的多元化需求，同时还须加强学科馆员的专业技能培训，便于学科馆员把握前沿，快速掌握核心关键知识，及时整理归纳出财经类学科发展的动态与态势，不断开阔视野，收集、整理适合于本校师生科研需求的外文数据库。

三、重视免费学术资源整理，提升数字资源保障率

免费资源的有效整理与挖掘，一方面是对图书馆数字资源的有效补充，能够充分提升数字资源保障率；另一方面能发挥图书馆在图书情报方向的优势，扩大自身的影响力。在引进专业数据库的基础上，整理免费学术资源也是提高图书馆数字资源保障率的有效途径。高校图书馆应加强网络免费学术资源的组织，在资源命名、资源导航、学科内容等方面进行优化，如减少链接的层级，设置简单明了的栏目名称，对资源进行有效的分类，定期更新资源内容并复核链接的有效性。此外，资源的建设应该加强与其他信息资源服务机构的合作，多方位提升图

书馆的资源保障率，通过统筹规划协调达到资源的共建共享。

四、利用通识类课程推介资源，提高数字资源利用率

通识教育是高校教育的关键部分，旨在提升学生综合素质与创新能力。通识课程具备跨学科、开放和实践性等特点，可帮助学生拓宽视野和提高思维能力。因此，通过通识课程推介图书馆数字资源，是提升数字资源利用率的有效方法。第一，图书馆可与通识教育部门合作，将数字资源推介融入通识课程。例如，设置专门章节或课时介绍数字资源，邀请专业馆员举办讲座，并与教师合作开发基于数字资源的教学案例和实践活动。第二，图书馆可利用现代信息技术推广数字资源，如社交媒体和移动应用。发布介绍和使用指南，提供检索、阅读和下载服务，利用大数据分析推送个性化资源。第三，图书馆须完善数字资源质量和内容，积极引进和开发与通识教育相关的资源，筛选和优化现有资源，并加强更新和维护。

第六章 数智时代下图书馆管理与资源建设创新发展

◆ 第一节 数智时代下图书馆自助服务模式研究

数智化是建立在海量数据基础上，将大数据与人工智能技术融合发展，借助数字化模拟再现人类智能，打破数据的"端到端孤岛"，通过场景化的方式解决问题，实现数智融合，进而应用于系统决策与运筹。数智时代，是一个由数字化和智能化技术所驱动的全新社会发展阶段。在这个时代中，数据不仅仅是信息，更是一种重要的资源和资产，而智能化则是对数据进行深度解读和应用，以辅助决策和优化流程。数智时代的特征在于数据与智能技术的深度融合，广泛应用于经济、社会、文化和生活的各方面，深刻影响着人类的思维方式和工作模式。

一、图书馆自助服务的重要性

图书馆自助服务是读者根据自己的需要，利用智能化设备和计算机网络技术，按照制定好的流程指引，完成以前由图书馆馆员完成的各项服务活动。图书馆自助服务主要包括：文献自助服务、自修室座位自助登记、自助检索上机、自助文印服务以及利用网络、手机、短信、电话所进行的各项自助服务。图书馆自助服务，又可称为"无人值守图书馆"。有关图书馆自助服务的名称及表述千变万化，如无人服务图书馆、图书自助服务站、微型图书馆自助服务系统等。是图书馆业务自动化处理的组成部分，也是近几年国内外图书馆行业兴起的一种现代化服务方式。它利用网络通信、计算机、门禁监控等技术，为读者提供智能化程度较高的图书借还服务。

在图书馆自助服务里，读者借还图书无须图书馆工作人员协助，完全由自己完成。图书馆自助服务是图书馆服务工作的延伸和延续。不但解决了读者借还书受开馆时间制约的问题，同时也体现出图书馆人性化的服务理念，更提升图书馆的服务形象和服务档次。

（一）图书馆自助服务的理念

作为现代科学技术与以人为本理念结合的图书馆自助服务，完美地诠释了免费、快捷、平等、开放的服务原则，将传统的"被动服务"模式转换为"主动服务"模式，使图书馆资源围绕读者展开，充分体现"以读者为中心"这一服务理念。图书馆自助服务的服务宗旨是将图书馆资源实现最大化利用，使读者的阅读需求随时随地得到满足。图书馆自助服务以读者的需求为发展的驱动力量，对传统运行模式加以改革，对图书馆的社会价值和服务质量、理念起到重新塑造的作用。另外，读者通过使用图书馆自助服务，可以摆脱过去主要依靠图书馆馆员的指导和意志完成信息咨询、图书借阅归还等服务模式，可以完全按照自己的爱好和意愿进行图书的选择和利用，这也是人性化的另一种体现。

（二）图书馆自助服务的模式

第一，馆内读者自助。许多图书馆都为自助设备设立专门的空间或者独立的附属建筑，读者可以利用这些设备完成图书馆的检索、借阅和归还等服务内容，使图书馆的全天候服务成为可能。虽然这种独立的馆内读者自助设备可以提供24小时服务，但是须依靠图书馆或附属建筑而存在，缺少独立性。

第二，ATM 式自助图书。ATM 式自助服务设备可以根据图书馆的具体服务而定制，这种设备通过还书就可上架借出的功能可以有效减少人力和物力成本。低成本和网点化铺设是其主要优势，但是这种设备也存在着可供选择的图书资源较少，服务内容较单一（仅包括借还功能）等局限性。

第三，漂流亭式自助图书。传统的图书漂流是指放在图书馆公共位置的图书，无须读者办理借阅手续就可以自由阅读。而漂流亭式图书馆是传统方式在馆外的延伸和补充，这种自助服务是 RFID 技术与图书漂流相结合的产物，虽然能够辨别多种证件，有效提高图书的利用率，但是它所能提供的服务比较单一。

第四，24 小时街区图书馆自助服务。这种图书馆自助服务不仅能够为读者提供图书借阅、归还、办证、检索、预约等基本服务，而且集成了 RFID、条形码技术，在架图书对读者而言一目了然。24 小时街区图书馆自助服务可以提供更为全面的服务功能，也可以实现网点化建设，但是这种图书馆自助服务所依靠的 RFID 设备受限于技术等方面的支持。

服务类型有独立图书馆自助服务区、图书馆 ATM、图书漂流亭、街区 24 小时图书馆自助服务等。图书馆自助服务系统主要由图书馆自助服务机、图书馆监控中心和物流管理系统等部分组成，核心部分是图书馆自助服务机。图书馆自助服务可以完成绝大部分图书馆业务流程：申办新证、自助借书、自助还书、预约服务、查询服务、资源防盗、资金处理等。由于本身具有强大的功能优势，再加上快捷、方便的服务过程，在诞生之初，图书馆自助服务就受到了世界各地读者的欢迎和好评。甚至有专家认为图书馆自助服务是继实体图书馆、虚拟图书馆之后的"第三代图书馆"。

(三) 图书馆自助服务的特征

图书馆自助服务作为一种新的服务模式，有着不同于传统图书馆的特征：

1. 图书馆自助服务的科学性

目前，图书馆自助服务大多采用 RFID 技术来为读者提供智能化的图书借还服务，并以此实现图书馆自动化服务。图书馆自助服务通过 RFID 技术带来全新的服务方式，提高广大读者的满意度和便捷性，通过科学性的运用来突出人性化的服务理念，这种服务理念也不断推动着图书馆服务手段的创新。

2. 图书馆自助服务的广泛性

图书馆自助服务自运行后，受到越来越多的读者使用和欢迎，图书的借书量和阅读量都带来明显的提升。由于图书馆自助服务的便利快捷性，越来越多的读者在茶余饭后选择借阅图书来丰富自己提高自己。图书馆自助服务所产生的这种广泛性是远远超过传统图书馆的。而这种广泛性产生的影响，不仅体现在为广大读者搭建了一种便捷的阅读平台，而且使图书馆自身的品牌和形象得到提升，对整个城市的文化事业建设也产生了积极的影响。

3. 图书馆自助服务的自由性

图书馆自助服务由于其采用的是人机模式，运行时间不再受到限制，读者可以更加自由地根据自己的即时需求来选择时间借阅书籍。这种全自由的 24 小时服务模式也是国内外图书馆发展的必然趋势。另外，图书馆自助服务使民众的阅读空间也变得更加广阔。它将有范围的传统图书馆扩大，为读者提供一种无障碍的阅读环境。

4. 图书馆自助服务的高效性

作为一种全新的图书馆服务项目，图书馆自助服务在建设上表现出传统建筑实体形式的图书馆无法比拟的优势：占地面积小、建设成本低、展现效果快、建设周期短的特征。这使得图书馆自助服务成为继第一代传统图书馆和第二代数字图书馆之后的第三代图书馆。在服务上更贴近读者生活，图书馆自助服务在选址、布局、交通等方面都体现出方便快捷。另外，在形式上图书馆自助服务也呈现出无专人看守、自助办证、自助借阅、自助归还等便利条件。图书馆自助服务的运用提高图书馆文献资源的利用率，充分体现图书馆自助服务工作的高效。

5. 图书馆自助服务的服务性

发展图书馆自助服务的初衷是让读者自己为自己服务，即脱离传统的馆员服务，读者根据自己的时间兴趣爱好等通过自主的操作来完成对图书的借阅归还等一系列活动。且其服务质量并不低于传统服务。在这种自助式的服务中，读者完全脱离传统图书馆服务中的束缚，不受时空限制的自主操作设备来实现需求，充分体现出图书馆自助服务的服务性特征。在整个自助服务中，读者可以根据自己的主观需求，发挥自身能动性，实现服务性。这样读者在操作过程中既是服务的实施者和操作者，又是享受服务的对象和被服务者，休现了主体与客体的相互统一。

二、数智时代下高校图书馆自助服务模式构建

高校图书馆自助服务是指读者使用图书馆提供的工具、设备、空间、平台、网站等自行完成的服务，而非依赖于馆员提供的服务。高校图书馆作为自助服务

提供者，以一定的服务方式提供自助服务内容，来满足用户自助服务需求。

（一）高校图书馆自助服务模式构建的必要性

高校图书馆是高校教育发展的有力后勤保障，担负着保障学生获取知识、信息与提高学生创新能力的重要任务。自助服务中的自我服务意识可以促进学生的创造能力、意识和精神。同时，高校图书馆通过实施自助服务，能够省略传统业务中的一些重复业务环节，创新高校图书馆服务模式可以实现高校图书馆和用户之间的双赢。因此，高校图书馆怎样开展自助服务，开展什么自助服务，成为高校图书馆需要思考的问题。构建具有普适性的高校图书馆自助服务模式是很有必要的。积极探索高校图书馆自助服务的理论建设，并将自助服务理论建设成果应用于图书馆自助服务实践应用，有一定的现实意义。

（二）高校图书馆自助服务模式构建的目标

高校图书馆自助服务模式，为自助服务的开展提供一种科学的途径。构建的高校图书馆自助服务模式的目标是，以高校图书馆作为自助服务主体（服务提供者）、自助服务客体（用户）、服务内容、服务方式等主要因素为基础，结合目前高校图书馆自助服务的实践情况，以自助服务项目评价以及自助服务用户使用意愿的研究成果为依据，综合分析构建满足高校图书馆用户自助服务需求的服务模式，以提升高校图书馆自助服务能力。

（三）高校图书馆自助服务模式构建的原则

第一，用户需求导向。高校图书馆开展自助服务要以用户需求为导向，加大对用户需求的关注和了解力度，以满足用户需求为出发点，提供用户最需要的自助服务。要意识到高校图书馆的用户需求是推动自助服务发展的驱动力。高校图书馆用户是自助服务的"顾客"，为了满足用户的期望，需要构建符合用户需求的自助服务模式。

第二，实施效用导向。由于高校图书馆的自助服务发展水平、发展策略和经费不同，因此自助服务所需的资源、创新设备的采购、自助服务的运行保障服务水平也有着较大的差异。实施效用导向原则是指高校图书馆自助服务模式能在不同的高校图书馆得到应用，高校图书馆可以根据本馆自助服务的发展阶段，选择适合本馆的自助服务项目，尽力而为与量力而行。

第三，创新拓展导向。在数智时代，如何利用高科技手段来促进自助服务模式的变革和完善是高校图书馆面临的一个重大机遇和挑战。云计算可以有效地整合高校图书馆所需要的各种资源，挖掘信息资源的潜在价值，为用户提供个性化的服务。当前，高校图书馆提供的自助服务仍是以常规技术为基础，通过服务设备、服务系统、网站、公众号、App 等方式，向用户提供浅层次的服务。随着信息技术的发展以及用户深层次服务需求的显现，这种自助服务已经不能很好地满足用户需求。因此，高校图书馆在发展自助服务的过程中，需要贯彻创新拓展的理念，使自助服务的能力更强、服务效用更大，以更好地满足用户需求的多样化，适应数智时代的发展。

（四）高校图书馆自助服务模式构建

高校图书馆自助服务模式的服务主体涉及服务活动的提供方，即包括高校图书馆以及自助服务团队。该模式的服务对象定位为使用自助服务的高校师生。高校图书馆自助服务模式旨在针对用户需求，提供符合其使用意愿的定制化自助服务内容。为实现实体环境和虚拟环境的双线并行，高校图书馆必须采用线上和线下两种服务方式，为用户提供便捷、精准的自助服务，共享信息资源，将人类智慧与人工智能结合起来。

1. 线下与线上自助服务

（1）实体环境的线下自助服务。实体环境的线下自助服务即使用以 RFID 技术为支撑的自助借还机、阅读设备，对高校图书馆的空间进行有效利用，使馆内书目资源、数据资源与空间资源相互传递，服务呈现本地化特色。RFID 技术是物联网中让系统与设备"开口说话"的核心技术，它在利用高校图书馆已有资源的基础上，通过无线电信号识别目标并进行无接触式的信息传输，实现自助服务系统与各相关应用系统的实时、动态的数据交换和验证。

（2）虚拟环境的线上自助服务。虚拟环境的线上自助服务的服务目标在于为用户提供一个强大、便捷的自助平台，将虚拟世界与现实世界相结合，从而实现图书馆、移动平台和用户的三方联动。用户既可以通过网络平台便捷地获取知识资源，享受图书馆的知识服务，也可以与其他用户交流、分享知识、感受和经验，实现知识和信息的交流和互换，从而使高校图书馆自助服务从馆内向外拓展到用户所处的一切时间和空间，将自助服务融入工作、生活、学习和研究等环境中。虚拟环境的高校图书馆线上自助服务分为两种类型：一种是门户网站自助服务，另一种是移动网络终端自助服务。这两种类型的虚拟服务平台的具体形态是不同的，但其基本架构是相似的，包含三个组成部分：网络数据库、移动服务终端以及集成系统。

高校图书馆海量的数据资源、云计算的共享系统，以及强大的开发接口，为自助服务的管理方提供可行的服务手段。移动服务终端通常指用户的手机、笔记本电脑或其他便携移动设备，具有便捷、交互的特点，这些设备是用户使用自助服务的重要载体，同时也是高校图书馆在虚拟环境开展自助服务的重要组成单元。用户通过访问图书馆微信公众号、微信小程序、移动图书馆 App 使用图书馆的资源服务并与图书馆进行即时交互。管理员登录模块包括三个系统：管理系统、业务系统和交互系统，各系统之间遵循统一标准进行互联互通，具有良好的可扩展性，保障移动信息服务的可及性和可达性。

高校图书馆是一个生长的有机体，开展自助服务时须根据用户的反馈意见，对服务进行优化和调整。在实施过程中，高校图书馆通过数据收集与分析系统，对用户的潜在自助服务需求进行预测、分析，同时跟踪用户的自助服务使用行为和使用评价动态，将收集信息汇总到自助服务平台的综合系统中，对信息进行分类和整理后向自助服务的管理团队进行提交，由管理团队根据反馈情况对自助服务进行改进与优化，由此图书馆和用户形成良性互动，促进自助服务的动态稳定发展。

2. 高校图书馆自助服务模式应用的对策

（1）更新理念，强化自助服务的统领性和专业性

第一，明确先进办馆理念打造智慧图书馆。智慧图书馆的建设不在于规模大小，更重要的在于是否有先进的理念和思维方式。高校图书馆人需要在理念上接

受"智慧化"是一个循序渐进的过程，如果在理念认知上出现偏差，则难以建立起科学的转型框架，从而导致路径失误。自助服务是智慧图书馆建设的核心，自助服务内容随着智能技术革新不断完善，技术的智能化迭代趋势逐渐降低用户自主参与的门槛。图书馆服务的广度、深度、用户满意度是图书馆从业者的价值追求，也是服务革新的核心所在。高校图书馆要充分利用"双一流"大学、高水平院校建设的机遇，积极主动地通过多种途径向高校领导和相关部门进行宣传呼吁，从政策上争取经费支持，拓展自助服务建设以及运营维护经费的渠道，可以通过与各院系、职能部门共同协商的方式来解决，也可以通过与公共图书馆或者社会团体共建的方式，保障自助服务相配套的资金、技术和设备。

高校图书馆必须树立一种观念，即要把高校图书馆建设成为现代自助服务应用的示范园，成为智慧服务的先锋，并认识到这是其肩负的责任和使命。目前，我国高校图书馆从自助化向智慧化的方向发展，但从目前的发展现状来看，与智慧中国、智慧城市和智慧校园的发展目标有着很大的差距。从图书馆在高校的地位来看，只有充分利用各种新兴的智能感知技术，不断增加图书馆的自助服务项目和设施，使图书馆自助服务成为智慧校园建设的重点和亮点，这样高校图书馆在数智时代下才能华丽转身，为"双一流"大学、高水平院校建设提供助力。

第二，促进馆员智慧服务能力提升。在数智时代下高校图书馆开展自助服务并非代表馆员无需作为和无所作为，恰恰相反往往出于保障服务质量等因素的考虑，需要馆员积极介入，提供辅助支持服务。以多伦多大学图书馆 3D 打印服务为例，它的 3D 打印服务有三种类型：自助服务、引导服务和全方位服务。在引导服务和全方位服务模式下，图书馆馆员都在某种程度上起到指导、监督和管理作用。可以看出馆员的数据分析能力、计算机技术水平以及学科服务能力等都可能直接影响图书馆自助服务的服务质量，馆员的素质、能力对图书馆自助服务的发展有着重要的影响。

随着高校图书馆智慧化建设的不断深入，自助服务的硬件和软件规模不断扩大，自助服务呈现出泛在化特征，需要大量的馆员投入智慧和能力，才能确保系统的有效运转。首先，高校图书馆要更新馆员对图书馆工作的认识，不断提高馆员对自助服务的认识，可以通过集体学习、定期开展自助服务设备相关知识培训和业务素质能力提升培训等方式，培养馆员的设备操作技能和业务专业知识，提高馆员的专业技能，让其从单一的重复工作转向更专业的信息服务，发挥参考咨询等服务辅助职能。同时，图书馆馆员也要向用户学习，努力"自我增值"，以身作则引导用户正确使用自助服务，体现自助服务的温情与人性化。除馆员提高自身服务能力之外，高校图书馆还应招募具有学科背景且信息素养较高的复合型人才，在招聘时从数据分析能力、技术应用能力等方面进行考核，从而提升馆员队伍的整体素质。

（2）立足数智时代背景，重视用户的数字素养教育

用户的数字素养与技能是高校图书馆自助服务开展的前提条件之一。因此，高校图书馆不但要关注服务项目的自助化与服务系统的智能化，还要切实关注用户"数字素养"的培养、开发与引领。如加大对用户数字素养的培养力度，提高读者的数字技能与能力，在教育内容上从资源检索与利用扩大到数字社会，在教育形式上从传统发展到数智化，组织各种嵌入式教学课程，开发数字素养手机游戏；在多种宣传媒介上，提供自助服务设施详细的使用教程。用户是自助服务的使用者，其行为会直接影响自助服务的实施，所以要加强用户管理，规范与指导用户使用自助服务的行为，使用户了解规章制度，明确其享有的权利和应承担的义务，减少在自助服务的使用过程中出现图书丢失、机器人为故障等问题。随着用户"数字素养"水平的提升，自助服务的应用会更广，使用频率也更加频繁。

（3）做好技术支持与资源保障，提升自助服务支撑力

第一，自助服务技术支撑。自助服务的科学化管理和高效利用需要以技术为依托实现，高校图书馆需要顺应信息时代的发展，加强智能技术的引进与合理应用，为自助服务"保驾护航"。当前高校图书馆自助服务所应用的技术主要涉及RFID、物联网、大数据、云计算、语义网、机器学习、AI、AR、VR等。高校图书馆应充分意识到没有信息技术作为支撑，自助服务系统也将不复存在，因此应该坚持"技术驱动"要素，紧跟新技术应用的时代节奏，不断研究与借鉴新的技术、方法和工具在图书馆的运用。通过不断借鉴、积累国内外的先进经验，完善自助服务的内容，注重其易用性、体验性和前瞻性，以增强用户黏性，力争在智慧化建设的洪流中谋求高校图书馆自助服务建设与发展的主动权。在引进和应用

智能化技术的过程中，要做到以下两点：一是各类创新性技术的运用必须坚持以人为中心的服务思想，防止产生技术等同于智慧的误区；二是在实施新技术时，要注重加强对知识产权的保护，关注相关的伦理、数据安全、云安全等方面的问题。

第二，自助服务系统资源集成化。自助服务资源集成是未来高校图书馆自助服务的发展趋势。在高校图书馆开展自助服务工作中，需要突破技术瓶颈，有效实现人、资源、空间、设备的高度融合，要充分考虑整体的服务功能价值提升，注重自助服务系统的引导建设，将自助服务资源合理整合，通过制定合理的中长期技术规范和引入标准，统筹解决业务集成、数据孤岛、数据标准、技术标准等问题，让技术在高校图书馆新的自助服务功能定位和建设需求的指导下，更好地支撑自助服务的发展。

第三，自助服务资源深度挖掘。自助服务不是简单的用户自我服务，需要高校图书馆深度挖掘自助服务资源潜力，并对信息资源进行合理优化。

一是馆藏资源。在数智时代，高校图书馆的馆藏资源呈现出纸本资源的形式多元化、数字资源的载体多元化。针对馆藏数据高校图书馆应结合馆情发挥自身优势，运用先进的自助服务技术建立联合发展、分工协作、资源共建共享的信息服务联合体，扩大自助服务所能获取的信息资源范围，实现纸本资源与数字资源的互为补充。

二是用户行为数据资源。用户行为数据包含用户借阅数据、网站访问、点击数据、检索记录、资源下载、资源荐购数据、文献传递和馆际互借数据，还包括用户使用图书馆微信公众号、移动图书馆 App 等产生的情景和行为信息。有高校图书馆在提供自助服务时应根据用户的身份，向其推介服务资源，如学生往往更重视课程学习和自身技能的提升，可以更多地推荐与课业相关或与考级、考证相关的服务资源；教师相对更关注科研方面，可以更多地推荐科研资源。

三是依托数据挖掘技术的不断发展，图书馆可以获取更多的即时交互数据。这提醒高校图书馆应该关注智慧云服务的使用，挖掘和分析用户信息，以用户行为数据作为决策依据，在把握用户静态信息和动态信息的基础上，及时主动地为用户提供更加精准的自助服务，使用户与高校图书馆、资源以及相关设施进行信息行为交互，打造交互式自助服务，深度改善用户与信息及其工具之间的动态关系，创新自助服务模式。

（4）打好自助服务手段"组合拳"，满足用户多场景需求

第一，增加自助服务设备投入力度。5G、云计算、大数据等技术的探索应用，不仅可以满足图书馆海量信息的存储、分析和应用，还能为图书馆实现多种智能化功能插上腾飞的翅膀。高校图书馆自助功能将随着技术的发展，不断地增加，要想支撑这些新的功能，相配套的自助服务设备是必要的保障，高校图书馆应该在力所能及的范围内，增加自助服务设备投入力度，保障用户的基本自助服务需求。但是也要考虑到一些自助服务设备如自助借还机、自助查询机、智能机器人、盘点机器人等，这些设备的购买价格不菲，所需要花费的资金较多，大部分普通高校都很难承担起图书馆自助服务建设的高昂成本。因此，高校图书馆在加大对相关智能设备的投资时，必须着眼于解决图书馆的现实问题，将有限的资金用在急于改善的自助服务项目上，同时，要重视定期运维本馆已有的自助服务设备，减少故障发生率，延长其使用寿命，确保现有自助服务的有效运行，最大程度改进自助设备及服务方式的缺陷，提高服务质量。对于操作烦琐的设备，首先要简化人为手续，提高服务效率；其次要主动与设备开发人员沟通交流，提出操作过程的优化建议，开发适用软件，同时还要编写设备使用指南，向读者提供操作指导，以充分利用自助服务设备的功能。

第二，加强和完善门户网站和移动端服务平台建设。"互联网+"时代图书馆服务实现泛在化，如今读者获得信息，大部分是通过互联网。为更好地促进自助服务的应用，高校图书馆应该从空间上颠覆传统的图书为主的实体布局方式，避免图书馆成为类似"博物馆"一样的存在，逐步转向文化服务虚拟体验空间，线上可以通过门户网站、移动端自助服务平台等方式实现资源广泛开放，以线上线下衔接的自助服务模式满足用户的自助服务需求，实现泛在化自助服务，打破时空的局限。门户网站主页的样式和栏目设计要清晰合理，在满足专业信息服务的同时兼顾设计美学，保证用户的使用过程流畅。同时，对门户网站服务划分类型，设计自助服务栏目，在栏目页面设计上，通过文字或视频的形式向用户讲解图书馆自助服务功能的使用，比如借还书、预约图书馆座位、即时参考咨询等，

为用户提供高效、便捷的自助服务。移动终端自助服务平台的发展是随着移动用户数量的不断增加，移动设备的功能应用的不断完善而发展的。通过新技术的支持，使移动图书馆和图书馆 OPAC 系统①能够无缝对接，实现资源的一站式检索、导航和全文获取服务，让读者可以不受时空的局限，通过智能移动终端访问图书馆资源，提高用户的移动智能体验，是图书馆移动服务的重要组成部分。

　　为此，高校图书馆应科学设置功能列表，完善基础服务功能，协助用户完成包括馆藏检索、电子资源获取等常见的自助服务，再根据自身特点，开发具有本馆特色的移动端自助服务。同时，注重嵌入式咨询服务的展开，提高移动端平台自助咨询服务的深入程度，让用户实现自助虚拟参考咨询服务，在加强用户互动体验的同时，也方便用户的信息获取。

　　第三，构建自助服务体验空间。空间作为体现图书馆属性的重要场所，加强自助服务体验空间的建设，能够使高校图书馆自助服务能力得到极大的提升和充分利用。传统图书馆服务模式转变成自助服务模式需要雄厚的资金支持，而每个高校图书馆的资源、实力是不一样的，各高校图书馆应根据自身条件和需要决定是建设小型自助图书馆还是在原有图书馆的基础上增加或改造自助空间。自助图书馆是高校图书馆一种自助服务方式，但其建设的复杂程度较高，而在现有的图书馆基础上进行改建或新建自助服务体验空间，实行 24 小时自助服务，相对来说比较简单。

　　高校图书馆自助服务前移，有利于形成一个覆盖校园、多层次、多维度的自助服务网，从而使图书馆的服务时间和服务范围得到拓展。同时，高校图书馆可以充分利用城市自助图书馆的发展经验，发挥自助服务的空间延伸功能，使之成为总馆的有力补充，减轻总馆负荷。相信未来将有更多高校图书馆投入自助服务体验空间的建设，使得其在实践中得到更好的发展。

　　（5）加强宣传，引导用户提高自助服务的使用意识。智慧图书馆由"将来

---

　　①　OPAC 系统，即 Online Public Access Catalog，中文通常称为馆藏书目检索系统或联机公共目录系统。它是图书馆信息系统的一个重要组成部分，允许用户通过网络远程访问和检索图书馆的资源。OPAC 系统的主要功能是让读者能够在线上查询图书馆的图书目录，了解哪些书籍可供借阅，以及它们的借阅状态。

时"发展到"现在时"阶段，未来会有更多的自助服务引入高校图书馆，高校图书馆应适应这种新潮流。

高校图书馆须充分发挥线上微服务平台对自助服务的宣传作用，促进自助服务的推广，并落到实处。把握让用户"更容易获取资源"这一突出特点，优化服务操作界面，让用户能够更好地享受自助服务带来的便利与快乐。让读者了解图书馆的自助服务只是第一步，环境引导用户提高自助服务的使用意识才是根本，在馆内为自助服务设施区域设置明确标识，如标牌、宣传海报，提高自助服务设施的"曝光度"；在设施旁张贴使用方法和解决常见问题的处理措施，并在设施屏保界面播放操作微视频，降低用户的使用难度；在引进服务设施之初，为用户提供现场指导，并鼓励用户将其在使用自助服务过程中的问题及意见进行反馈，这样才能使图书馆更好地把用户的自助服务需求考虑周全、把保障做到位，将自助服务落到实处，营造良性自助服务氛围，根据用户需求预测、提前组织服务。提供更好的自助服务使用体验，不断提高自助服务能力，让高校图书馆的"智慧化"进程迈上更高的台阶。

第二节　数智时代下图书馆虚拟馆员的应用

图书馆虚拟馆员，是一种区别于传统图书馆馆员的新型图书馆馆员。图书馆虚拟馆员作为真实图书馆馆员的良好补充方式，弥补真实图书馆馆员在时间和空间服务空白，更大程度满足用户服务需求。传统意义上的图书馆馆员是具有生物体特征的人，而随着科学技术发展，图书馆引入互联网技术，用户多样化与个性化需求，促使衍生图书馆虚拟馆员。"虚拟"指虚拟现实，是对现实的镜像展现，虚拟馆员可以看作是生物体征馆员在虚拟网络上的镜像展现，因此虚拟馆员应像具有生物体征图书馆馆员一样拥有明显形象标志，以便用户更直观寻求虚拟馆员服务。"虚拟"是图书馆虚拟馆员区别于传统馆员的显著特征，同时揭示虚拟馆员存在形式是虚拟的，其服务在图书馆虚拟空间展开。

一、图书馆虚拟馆员的类型及适用场景

（一）真人驱动型

真人驱动型的虚拟馆员，是基于互联网通信手段建立与线下场馆用户实时双向沟通，并依靠语音识别技术和动作捕捉获取操作者的实时数据，再基于 CG 合成①和建模技术即时生成技术形成沟通画面，最终通过终端设备同步至读者用户的运作流程，简而言之，这种类型是由真人馆员借助技术将人的动作投射在虚拟环境中使虚拟馆员的形象拥有和真人读者之间的交流能力。图书馆可以通过内部管理系统为真人驱动型虚拟馆员配置一个"虚拟馆员服务界面"，登录该界面后，操作虚拟馆员就可以获得远程接待读者的权限和在线咨询的功能，实现足不出户就能上班的效果。真人驱动型虚拟馆员的适用场景如下：

1. 扶弱助残的爱心公益岗

图书馆作为公益类事业单位，同时在人文互利准则的要求下，虚拟馆员建设无疑是需要在各方面加大对社会弱势群体的倾斜。

长久以来，除了为特殊弱势群体加强服务保障外，也有大量图书馆为弱势群体提供公益性质的爱心岗位，而真人驱动型虚拟馆员可为这类公益性岗位提供一种全新的方案。比如可以为因身体行动不便的障碍应聘者设立虚拟套皮的远程居家办公岗，可以消除"工作单位—居所"来去不便的顾虑，扩大窗口类咨询服务的虚拟馆员岗位数量，既可以实现更多的弱势群体就业，又能够充实虚拟馆员人文互利准则的内涵。

除残障人士以外，还有诸多交流障碍的群体，例如自闭症患者、抑郁症患者，他们因自身疾病而不愿面对和融入人群。根据"虚拟无害原则"，远程办公的虚拟馆员岗位，能够为这类人群提供一个既有安全性，又有交际能力恢复训练

---

① CG 合成技术，即计算机图形学（Computer Graphics）的技术，是指利用计算机技术进行视觉设计和生产的领域。它不仅包括技术，还包括艺术，几乎涵盖了当今电脑时代中所有的视觉艺术创作活动，如平面设计、网页设计、UI 设计、三维动画、影视特效、游戏设计、室内设计、建筑设计及工业造型设计等。

的机会，图书馆还可以像为视障读者提供盲文服务那样，为这些"心障"患者定期提供阅读心理疗法、心理讲座等公益服务，不仅可以帮助缓解他们的症状，还能为他们提供充实自我的平台。

2. 偏远地区的远程服务岗

远程虚拟办公岗位的设立，为偏远农村的读者群体提供更多便利。近几年，图书馆作为公益事业单位积极贯彻落实公共文化服务均等化的目标，通过开通农村书屋、建设乡村图书馆等策略加大对偏远地区读者用户的权益保障。但由于地处偏远，愿意去这些地区就业的人员并不多，管理人员的专业素养也不高，这造成了农村书屋普遍的"有馆少员"甚至"有馆无员"现象。远程真人驱动的虚拟办公岗位为解决这一难题提供一举多得的方案。借助这一类型的虚拟馆员服务平台，让图书馆专业人才直接与农村地区的读者进行沟通和交流，提供更加完整和高质量的文化服务产品与服务。因此，远程服务岗位不仅可以加速公共文化服务均等化的进程，还能够推动城乡经济协同发展，实现社会公共文化服务与经济增长的良性互动。

远程虚拟办公岗位的设立充分体现虚拟馆员建设所遵循的人文互利准则，也能帮助图书馆调整选人用人的管理风格，实现更灵活的就业创造和更人性化的人员安排。

（二）智能驱动型

智能驱动型虚拟馆员是充分体现技术并联准则的一种类型，由于其核心技术为人工智能技术，所以理论上能够介入任何有联网条件的服务场景之中。智能型虚拟馆员首先需要依靠图书馆投入专项资金，购买相关的算力基础设施、硬件设备、通信基础设施和系统集成的图书馆人工智能；其次，还须提高虚拟馆员智能内核与图书馆数据库、管理系统等其他系统的兼容性和并联程度；最后，智能驱动型虚拟馆员还要引入合适的 VR、AR 及全息投影设备进行搭配使用，以达到呈现虚拟馆员形象以及搭载服务界面的目的。因此，这类沉浸式的虚拟服务场景将是智能驱动型虚拟馆员提供服务的所有场景中的重点领域。

1. 沉浸式的虚拟现实服务

利用虚拟现实技术打造出独特的图书馆虚拟馆员服务场景，需要结合图书馆的特点和读者的需求，创造出沉浸、交互、智能的虚拟环境。沉浸式虚拟现实服务场景的打造包括虚拟现实引擎、感知模块、识别模块和互动体验系统等核心组件。图书馆可以基于虚拟现实技术，在馆舍内单独开辟出一块由虚拟馆员进行管理和服务的多功能虚拟体验馆。用户可以头戴 VR 头盔，手持 VR 手柄或 VR 手套等创新的交互控制被用来操纵虚拟场景服务界面，以实现第一人称的观光、多样化的互动，在这个空间里，读者用户可以根据自身使用需求，通过与虚拟馆员进行交互，切换多种服务场景，例如虚拟阅览室、虚拟会议厅、虚拟展厅等，感受不一样的图书馆场景和服务。

2. 趣味性地增强现实服务

虚拟现实技术（VR）是在虚拟环境中模拟真实信息，而增强现实技术（AR）是在真实环境中叠加虚拟信息，可以通过手机、平板机 AR 眼镜等设备轻松达到效果，因此，增强现实技术的应用范围更宽广，应用形式也较 VR 技术更加灵活，图书馆可以借此技术，将虚拟馆员运用于更细节的知识服务场景中，AR 应用将作为大体量扩增内容的载体，为读者提供更丰富的知识情境和奇妙的学习体验。

图书馆可以灵活根据全年节假日主题，在特定时段确立相关的阅读活动主题，挑选出相应的馆藏资源，提前将 AR 标记点通过二维码等形式巧妙地融合进书本扉页、书签等物品中，内置提前设计好的虚拟馆员的 AR 形象及扩增内容，引导读者通过手机扫描，观看 AR 虚拟馆员提供的相关主题扩增内容，这些扩增内容包含三维动画、视频、声音、文字信息与智能交互界面等。这项技术能极大地丰富图书的展示形式和内容，拓宽读者的知识获取范围，进一步强化阅读效果。

此外，图书馆能够利用增强现实技术创造虚拟馆员的游戏化体验。如通过 AR 应用来扫描二维码、解谜、寻宝等方式，让读者在图书馆各个角落寻找"藏匿"起来的虚拟馆员 AR 形象，并在成功找到虚拟馆员后，通过回答与该区域馆藏资源相关的问题就能获得奖励提高读者对相关文献的阅读兴趣，提升用户对图书馆活动的热情和参与度。

3. 标志性的全息投影服务

全息投影本质上是"虚拟投影，真实交互"的视觉影像交互技术。虚拟馆员的三维立体影像及服务界面，借助全息投影技术可以实现高度逼真的呈现，按照虚拟可辨性原则，能够提高读者的辨识度和服务使用率。因此，在利用全息投影技术保障虚拟馆员观赏性的同时，还要结合相关技术在具体的场景服务中增加应有的用户交互功能，根据用户提出的问题、需求和兴趣等，灵活地提供相关的建议和服务，不能舍本逐末地追求观赏性，忽视实用性，不偏离虚拟馆员建设的基本原则，将虚拟馆员全息影像功能区域塑造成为图书馆大厅内高性能、景点式的读者服务台。

（三） 实体机器人型

实体机器人型虚拟馆员是指虚拟世界中虚拟馆员在现实世界里的"分身"，它承担了虚拟馆员直接提供的大部分物理世界的实体服务，将真人馆员从极大的机械性、重复性和低创造性劳动中解放，是虚实互动原则中"以虚促实"要求的重要体现。

1. 为馆内读者提供送达服务

当前图书馆机器人主要应用于图书盘点等管理工作中，基于 RFID 技术利用机器人进行图书盘点，能够利用机器人自动盘点的效能优势，使得图书盘点工作在馆藏管理中发挥的作用得到巨大提升。在此基础上，图书馆可以与相关机器人产业联合研发面向读者服务的服务型机器人，基于 RFID 技术、导航技术、场景识别技术等，为图书馆场景专门设计开发出一款送书到桌、还书到架、送书送水的虚拟馆员机器人。

这类机器人的系统后台通过与虚拟馆员的智能管理系统进行集成，实现与图书馆其他子系统的良好协作。例如，当用户询问某本书是否在馆内时，虚拟馆员可以直接与馆内借还系统进行交互，并查询该书籍的可用性和所在位置，然后将查询结果返回给机器人的使用者，再根据"虚拟自愿原则"，询问读者是否接受实体机器人进行自动找书送书服务，若用户的选择是"接受"，虚拟馆员可以远程下达该图书所属区域的机器人与目录索引系统、导引系统等其他系统进行配合工作，准确到达目标书籍的书架位置，然后以基于 RFID 的盘点系统精准抓取书籍，最后通过最优化路径选择，及时将图书送达读者座位，为用户提供更加省时省力的借阅服务。这样，虚拟馆员能够充分发挥人工智能技术的优势，自动化地处理大量的重复性、烦琐的查询任务，从而节省人力成本和时间成本，提高服务效率。同样，读者若是读完了某一本书，或者对图书不感兴趣想要归还，此时也可以通过在个人设备召唤馆内虚拟馆员机器人，选择代劳还书的服务，机器人通过相同的技术路径，带着书本原路返回，重新上架归位。

2. 为弱势读者提供辅助服务

虚拟馆员机器人的服务应考虑特殊读者的需求，服务向特殊人群倾斜，针对特殊人群进行帮扶，体现以人为本的人文互利精神。例如，为听障读者和言语障碍读者提供静音文本型交流的选项，使虚拟馆员能够通过文字显示为听障读者提供服务与答疑，甚至还可以考虑加入以人工智能技术能为支撑的手语识别功能，充分配合听障、言语障碍用户的交流习惯，提高为这类读者的服务效率，降低他们享受虚拟馆员服务的使用门槛；同样，针对视障读者，实体机器人可专门编程"入口—盲文阅览室""阅览室—出口""阅览室—卫生间"等行动路径程序，让虚拟馆员机器人在图书馆内发挥"导盲犬"功能。

此外，虚拟馆员机器人的服务流程应充分考虑老年用户的使用门槛。随着我国老龄化进程的加速，老年人已成为公共服务的重要对象，而老年人群体的行动和认知能力、接受新事物的开放度等方面与其他人群存在一定的差异。因此，在向老年用户推广虚拟图书馆馆员机器人时，需要特别关注他们的心理和意愿需求，并针对其使用门槛进行优化和改进。例如，设立专门的"老年人专区"，设置更符合老年人阅读习惯和偏好的内容和功能；在机器人的外观、声音、交互方式等方面适度充分考虑"适老化"设计，增进老年读者的接受程度；在机器人的使用教育和辅助服务上，加强用户导向，让老年用户能够快速掌握并熟练使用这种数字化智能服务。

（四）内容工具型

内容工具型虚拟馆员的属性最接近于虚拟偶像：以歌手、演员、模特、网红、游戏高手等"艺人"身份出现，拥有鲜明的个性和才艺设定，活跃于各大社交直播平台、视频平台、综艺节目等，因此这类虚拟馆员具有用途广泛、运用灵活的特点，可以活跃在图书馆宣传营销、阅读推广活动、辅助文化创作等各种类型的工作场景。

当前虚拟偶像的主要运营方式为"直播+视频产出"，虚拟偶像进行线上直播、玩电子游戏、与观众聊天并投稿相关视频作品等。这也将是功能类似的虚拟馆员的重点服务场景和功能，但主打娱乐的虚拟偶像文化圈普遍面临着娱乐至上、频繁"玩梗"以及创作内容空洞的问题。图书馆虚拟馆员建设必须符合虚拟无害原则以及人文互利准则的要求，引导读者用户积极正确地学习、阅读和生活，因此，内容工具型虚拟馆员的建设就显得尤为必要。

除主流的线上直播、视频创作之外，随着 NFT 技术①在文博领域数字藏品管理与流通等方面实现应用落地，内容工具型虚拟馆员还应在公益性数字藏品领域发挥自身优势，数字藏品建设是图书馆信息化建设的重要组成部分，也是现代图书馆发展的一大趋势。

1. 网络营销的文化创作

虚拟馆员作为图书馆服务的一种新形式，其最大优势在于可依托庞大、优质的馆藏资源，包括众多经典名著、畅销书籍以及地方非物质文化遗产等，内容基础雄厚。运营团队应充分发挥这一优势，对馆藏资源进行有序开发和利用。除了开发各类耳熟能详的经典著作和畅销书籍外，还须深入挖掘独具特色的地方志、历史典故、戏曲和非物质文化遗产等珍贵资源，采取二次创作方式，将这些不太为公众所知、关注度相对较低的资源进行精心开发、融合与修改，形成剧本、故事、歌词等新形态，并借助虚拟馆员的视频演绎、讲故事、新闻播报以及歌唱等形式进行传播。

这些做法有助于促进读者对珍贵的特色文化和地方历史的认识和兴趣，赋予

---

① NFT 技术，即非同质化代币（Non-Fungible Token）技术，是一种基于区块链技术的数字资产。它代表了数字世界中的独一无二，每个 NFT 都包含一个数字签名，这使得每个 NFT 都具有唯一性。NFT 可以代表各种数字资产，如照片、视频、音频文件等，它们可以是艺术品、漫画书、体育收藏品、交易卡、游戏等。

古老文化以新的生命，同时也形成一批有独特影响力、有利于文化遗产传承的优秀作品。因此，在虚拟馆员服务运营中，充分挖掘和利用馆藏资源，将其转化为大众易于接受的新形式，具有重要的实践和理论意义。

除此之外，图书馆还可以建立虚拟馆员创作工坊、图书馆线上资源素材库等服务模式，鼓励读者用户利用虚拟馆员和图书馆资源进行文化创作，定期策划和举办热门话题的创作大赛，促进读者对于知识的巩固，提高大众对文化创作的兴趣。

2. 线上直播的活动策划

除了与在线读者交流、直播游戏和进行轻松项目等活动外，虚拟馆员还应该从行业特色出发，设置与图书馆职业有关的"人设"标签，如"虚拟馆员""虚拟阅读推广人"和"虚拟领读者"等，并策划相关的线上活动，以促进受众多读好书、吸取健康有益知识，养成主动阅读的习惯和学会正确阅读的目标。此外，通过线上活动开展线下活动是一种有效的方法和途径。例如，在直播间定期组织"一起读一本书"的伴读会，提供本周直播阅读活动的篇章预告，在一定周期内，与在线读者按部就班共同阅读一本完整的图书，并通过弹幕等形式进行实时互动交流，分享阅读体会，从而提升阅读效果；同时，可以通过设置适当的物质奖励或者抽奖活动来鼓励读者分享阅读心得，构建深度阅读、整体阅读的有效机制，提高读者参与阅读和分享心得的积极性。这样的措施有助于挖掘并发挥虚拟馆员的潜力，促进图书馆模式创新和服务升级，提高行业水平和用户体验。

同样，虚拟馆员在线上直播活动的协助下，可以通过优化传统真人图书馆来提高其效能。真人图书馆是将在某一方面具有独特体验的真实人物视作"书本"，通过对话交流的方式进行面对面的直接互动。传统的真人图书馆活动模式受到时间、场地和规模等因素的制约，不利于活动的举办和互动交流，同时也限制了知识分享的范围，降低活动的效果。通过虚拟馆员直播间为平台，取代现场局促的交互，可以取代"真人图书"，通过收集真人图书稿件并与原创者进行合作，优化真人图书的内容排列、明确隐性知识点、合理安排互动节奏，并通过线上直播、视频投稿等方式传播真人图书的知识内容，从而达到取代真人的效果。此外，这种方法使真人图书不需要每次亲临现场甚至完全退居幕后，同时还可以向读者有效宣传其隐性知识内容，从而提高真人图书的传播效果。

3. 公益性数字藏品创作

图书馆是公共文化服务的重要场所，其职能不仅在于提供阅读和借阅服务，也在于承担社会责任，关注社会公益和公平。在这个意义上，图书馆通过将贫困地区留守儿童的作品转变成数字藏品并进行公益义卖活动，实现公共服务与公共责任的有机衔接，可以得到良好的社会反响。数字藏品是基于区块链技术对数字化的创作内容进行单独加密的数字文化资产，传统的数字藏品不可避免地要涉及金钱交易、谋利等因素，但图书馆作为公益性质的文化单位是不能够从事营利性质的活动，所以图书馆的数字藏品创作必须是公益性非营利的。

具体而言，图书馆通过举办数字藏品创作活动，邀请贫困地区留守儿童来到图书馆，在虚拟馆员的沉浸式教学和辅助下，通过佩戴 VR 头盔并利用 VR 手柄等工具进行绘画、3D 雕刻、手工等现场创作，再用人工智能的绘画辅助工具进行打磨和优化，由虚拟馆员和儿童共同完成数字作品，最后利用 NFT 技术生成数字凭证，将作品转变成数字藏品，并为此举行线上公益展销活动，吸引广大读者、艺术爱好者和爱心人士的关注。同时，图书馆也应高度重视所募得的善款的使用效果，将全部义卖资金用于资助留守儿童作者的生活和教育，帮助他们获得更好的成长和发展机遇。

除此之外，图书馆也可以对自身馆藏资源进行数字藏品化转换，也可以利用馆方所属的"虚拟馆员"形象、其他文创周边等产品进行数字化转型，生产出相应的数字藏品，将其作为一些图书馆活动中的奖品选项。例如在世界读书日，根据虚拟馆员形象设计出符合节日主题的限定版数字藏品，在阅读活动中将该数字藏品的数字凭证所有权作为奖项，赠送给优胜者或中奖者，吸引读者参加图书馆相关活动。

图书馆在公益性数字藏品领域大有可为，这种服务方式不仅实现公共文化服务和公共责任的融合，还为推动数字文化产业发展、推进社会公益文化发展、提高公共文化服务的社会效益等方面提供新的服务场景和思路。

二、数智时代下图书馆的虚拟馆员应用

（一）增强应用意识，拓宽应用平台

1. 开展交流普及活动，增强应用意识

图书馆虚拟馆员既可以作为图书馆知识传播的途径，同时也是图书馆资源的信息载体。首先，虚拟馆员作为知识传播方式的现实性，可以为用户提供 7×24 小时实时服务，延伸了知识传播的时长；其次，虚拟馆员中间媒介连接用户与图书馆，为用户传递其所需知识资源，因此虚拟馆员应用是有用且必要的。

解决目前图书馆虚拟馆员整体应用普及范围有限问题，应考虑不同主体特性，从图书馆、用户和虚拟馆员三个角度积极开展交流普及虚拟馆员活动，从而增强虚拟馆员应用意识，扩大普及范围，为充分发挥虚拟馆员作用做好基础铺垫。

图书馆角度：可以组织图书馆虚拟馆员专题讲座、案例分享等活动，从理论和实践两个维度将虚拟馆员较为完整呈现，从而使图书馆主体认识到虚拟馆员可以令图书馆服务摆脱时间、空间上限制，也对缓解图书馆人力资源紧张有很大帮助，可以分担真实馆员一定的工作量，从而能更好地优化图书馆服务，对虚拟馆员形成更广泛而深刻的认知，从意识上对虚拟馆员认可，这是促使虚拟馆员普及的关键。

用户角度：通过制作虚拟馆员使用手册、短视频等新媒体形式向用户普及虚拟馆员的相关知识，进而扩大虚拟馆员用户使用群体，增强虚拟馆员用户使用技巧，从而在用户群体中扩大虚拟馆员的普及范围，促使用户广泛而高效地利用虚拟馆员。

虚拟馆员角度：将虚拟馆员的服务场景由在线客服会话扩展到更多的图书馆工作中，如在线阅读推广、在线嵌入课堂等。扩展虚拟馆员服务场景可以使用户有更多机会利用虚拟馆员，从而扩大其用户群体，并且虚拟馆员代表了图书馆服务，被图书馆赋予了品牌价值，因此扩展虚拟馆员的服务场景不仅利于普及虚拟馆员应用范围，而且可以形成图书馆虚拟馆员 IP，丰富图书馆品牌营销方式。

2. 搭建移动应用端口，拓宽应用平台

图书馆虚拟馆员依托图书馆官网主页和微信公众号平台开展服务，拓宽应用平台，推进移动端虚拟馆员的建设，从而满足用户的需求，推动图书馆知识服务。

（1）高校已在其图书馆微信公众号平台应用虚拟馆员，通过问卷调研得知微信端虚拟馆员受到了用户青睐，综合用户对移动端虚拟馆员的需求以及现有应用情况，可为未推行微信公众号端虚拟馆员的学校提供借鉴经验，进而推广扩大虚拟馆员在微信端应用范围。

（2）自建 App 也可作为虚拟馆员应用平台，自建 App 有很大自主性，有效结合图书馆自身特点与对应用户群体特点构建起虚拟馆员，虚拟馆员以其形象存在于 App 桌面，可以点击头像并开始对话。虚拟馆员可以连接各个菜单单元，作为用户 App 助手辅助用户获得所需服务，使图书馆资源能够被用户高效利用。相对于自建 App 的高成本，成本较低的图书馆相关第三方平台也可作为普及虚拟馆员的应用平台选择，如超星移动图书馆 App，本身关联着图书馆资源，并设有在线客服，在此基础上采用插件形式应用虚拟馆员为用户提供服务。虽然依托第三方平台应用虚拟馆员在凸显图书馆特色方面会弱势，但这种方式的可实现性远远高于自建 App，也在一定程度上拓展了虚拟馆员服务范围，便于更好地满足用户需求。

（3）在拓宽图书馆虚拟馆员应用平台时应注意移动端应用虚拟馆员在满足用户资源获取时应考虑知识产权保护问题，可以借助用户学号、图书借阅证等身份识别标识平衡资源开放与知识产权保护。

（二）雕琢形象设计，凸显理念特色

图书馆虚拟馆员形象不仅代表虚拟馆员的个体形象，更是承载了图书馆的品牌形象，针对图书馆虚拟馆员形象设计存在重复、缺乏个性和创意的问题，图书馆可以结合自身特色，参考虚拟数字人实践案例，积极融入技术设计虚拟馆员形象。

第一，明确虚拟馆员形象应蕴含图书馆理念，以图书馆发展理念、服务理念等作为虚拟馆员形象设计的思想内核，对虚拟馆员形象赋予精神意义使其更具内涵，确保虚拟馆员形象不会随着审美潮流的变化而被用户所淘汰。

第二，虚拟馆员形象设计应结合图书馆的特色，如该校图书馆古籍馆藏为其特色资源，可以从古籍馆藏角度出发，设计虚拟馆员形象时融入相关古风元素，同时也要注意形象和昵称的呼应，从而形成协调的虚拟馆员形象，可突出图书馆馆藏资源的特点，使虚拟馆员形象更加个性，对用户产生较深影响。

第三，从虚拟馆员形象整体感观上可以突破平面形象转向立体 3D 形象，通过色彩搭配等形式丰富虚拟馆员形象。图书馆虚拟馆员形象设计可以采用虚拟数字人技术—真人驱动技术或者计算机驱动技术设计其形象。在真人驱动中需要选择真人绘制原画，进行面部及身体 3D 建模，并利用动作捕捉技术捕捉形体、表情、眼神、手势等关键点，结合语音形成、语音识别、自然语言处理技术，渲染成型。计算驱动虚拟馆员利用深度学习，学习真人的语音、唇形、表情参数间的潜在映射关系，形成驱动模式和驱动方式。

（三）创新实现方式，丰富交互模式

图书馆虚拟馆员是遵从图书馆使命，结合用户服务需求和图书馆发展趋势的产物，引领图书馆虚拟服务升级，丰富未来图书馆服务模式。

1. 引入数字虚拟人，创新实现方式

近年来，智慧图书馆建设如火如荼地开展，智慧馆员发展也备受关注。目前，用户对虚拟馆员虚拟人定位认知和现实中智能客服定位应用存在矛盾，为了更好满足用户需求，图书馆可参考已经落地的虚拟数字人应用，创新图书馆虚拟馆员实现方式。

虚拟数字人是通过计算机图形技术、语音合成技术、深度学习、类脑科学、生物技术、计算机科学等聚合科技，创设具有人的外观、行为甚至思想的可交互的虚拟形象，其作为元宇宙建设的主体性力量受到广泛关注，郭全中指出元宇宙视域下"虚拟数字人"为使用元宇宙技术框架对自然人生理和社会属性进行全面赋能，具备社交属性和能力，其作为未来媒介可为社交媒体和人机融合提供参考，可为元宇宙赋能下的智慧服务提供支撑。赵星教授提出现阶段图书馆可以重

点探索的五个元宇宙图书馆应用场景之一就是虚拟数字人应用，虚拟数字人线上开展虚拟空间服务，提供参考咨询、语音交互、导览讲解等服务，同时，虚拟数字人具有场景化设计和熟人模式，可在不同场景、面向不同服务对象提供针对性的服务。

由此可见，虚拟数字人为图书馆虚拟馆员的创新实现方式提供新模板，虚拟馆员由客服属性发展为特殊性质体验式媒介，并且具有一定社交功能，协助个体在交互体验过程中实现高效学习及社会化。图书馆虚拟馆员是真人形象，更贴合虚拟馆员，是虚拟数字人形式的虚拟馆员一次探索性实践，为未来图书馆虚拟馆员实现形式的创新发展提供宝贵的经验。

2. 开展多模态交流，丰富交互模式

元宇宙场域下赋能的图书馆虚拟馆员可通过机器学习、计算机视觉和神经网络工作，实时感知和计算文本、图片、音频、视频、触觉等多模态数据，实现跨模态融合并与用户进行交互，从简单型人机交互发展为多模态数据人机交互，同时虚拟馆员在交互性增强的同时也具备一定的情绪识别能力，会更具同理心和共情力。利用数字孪生技术构建图书馆虚拟空间，将交互场景拓展为虚拟三维空间，用户通过相关网络、指令等途径向虚拟馆员发出需求指令，虚拟馆员收到指令后开启虚拟空间，在虚拟空间中向用户展示其所需资源，实现虚拟交互，未来用户能够以虚拟分身进入虚拟馆员所建构的虚拟空间进行交互，实现虚拟融合。

虚拟馆员以往只是将用户所需资源简单罗列后提供给用户，在虚拟数字人多源异构物联传感数据的融合与传递、多模态数据实时交互与管控技术赋能下，虚拟馆员可以将多模态数据资源加以分类聚合，并根据用户需求构建服务场景，在场景内用户可以通过关键节点链接到所需资源，资源提供多模态形式呈现，场景内资源根据用户需求相关性以动态知识图谱呈现，任意节点均可相互连接实现资源延伸。该场景将用户感知从单一的视觉感知维度延伸到听觉、触觉等整体感知层面，场景中不同资源与要素的连接、组合、匹配、协调，实现用户需求的场景匹配，让用户在超越个人需求满足之后，自主进行价值共创的场景内搭建与协同发展的场景间连接，从而虚拟馆员可以在场景中挖掘、刺激更多的用户需求，以此形成用户需求预判，延长虚拟馆员服务。

(四) 加大技术支持，拓展服务边界

1. 加大技术支持，实现数据增值

图书馆在发展中应积极探索相关技术，借助技术优势寻求解决问题的办法，从而满足用户需求，进而提高图书馆服务能力与服务质量。图书馆虚拟馆员出现是技术发展和用户需求共同作用的结果，是图书馆采用科学技术提高服务质量的一种产品或服务。

为了提高用户对与图书馆虚拟馆员交互过程的体验，提升虚拟馆员问答效率与用户满意度，首先应重视语料库的建设，分别建立问题语料库和答案语料库，覆盖一般通用语料库、专业通用语料库、馆藏特色语料库、学校专业化语料库和用户个性化语料库，从语义、语境和语言结构方面更智能化语句识别，构建基于注意力机制的卷积神经网络（CNN）的智能问答系统，对交互内容进行处理，双向长短时记忆神经网络对文本进行特征表示，CNN 深层次的优化局部特征，注意力机制加深与问句相关的明显特征，试图理解资源，由相似度问答匹配，既可以回答开放式自然语言问题，又可以回复专业化问题。

同时，可以融入 ChatGPT 人工智能对话系统，利用基于人类反馈的强化学习（Reinforcement Learning with Human Feedback，RLHF）技术，通过改变语境、替换词汇、改变句子结构等方式，对训练集进行数据增强，训练出具有更强泛化能力的人工智能模型，产出和人类的常识、认知、需求、价值观保持一致，对人类语言和相关领域知识进行深度学习，多维度语义分析，实现更智慧的人机协同，增强交互体验。随着 AIGC 技术[①]的发展，虚拟馆员可以自动识别场景，智能抓取数据与训练模型，在此基础之上催生出智能化的内容创作能力，进而能够自动生成特定内容，促进虚拟馆员向高阶智能化发展，提供更具智慧的用户个性化服务，进而形成全新的人机交互模式，能够生成适于用户理解的内容并与用户建立

[①] AIGC 技术，即人工智能生成内容（Artificial Intelligence Generated Content），是指利用人工智能技术自动创作生成的内容。这些内容可以包括文本、图像、音频、视频等。AIGC 技术通常基于机器学习，尤其是深度学习的算法，通过大量数据的训练，使得人工智能能了解并模拟人类的创作行为，进而产生新的内容。

联系。

2. 融入泛在服务，延伸服务边界

随着互联网信息技术的发展，图书馆的服务阵地逐渐由实体空间转向虚拟空间，图书馆虚拟馆员的出现满足用户在图书馆虚拟空间内无时间限制的服务，让图书馆资源不再禁锢在实体空间中，真正使图书馆的服务变得触手可及。图书馆虚拟馆员可以满足不同平台用户随时随地享受图书馆服务，对图书馆现有服务进行补充与升级，延伸图书馆服务边界，满足用户日益多样化、专业化、个性化的服务需求。

（1）虚拟馆员作为技术集成的新型馆员，在具备资源查询、信息导航等基本服务功能的基础上，应积极向阅读推广、用户培训等图书馆常见功能延伸，开展多元化场景服务。虚拟馆员在图书馆活动中以虚拟数字人形式开展虚拟讲解服务，丰富服务方式。虚拟馆员可以独于虚拟环境及应用，成为一类重要的图书馆共性服务，向更多的应用服务赋能。

（2）虚拟馆员应结合图书馆定位融入图书馆特色服务。针对高校用户，虚拟馆员可以参与在线嵌入课堂，开展虚拟讲解，并实时提供链接满足学生所需资源，创设虚拟教学场景，为学生提供沉浸式学科服务体验。同时虚拟馆员还可以利用其技术支持开展学科前沿追踪、学科态势分析学科竞争力分析等服务，做到实时数据收集、整理并以可视化结果提供给用户。

（3）虚拟馆员可以创建更多个性化服务功能。虚拟馆员可以充当非玩家角色（NPC）为用户提供所需服务，收集用户使用行为数据等信息，分析用户行为偏好，同时收集与用户交互过程中产生的数据，进而分析用户需求、行为，构建用户画像，从而为用户提供个性化服务，实现服务增值。虚拟馆员也可以为用户提供多维服务平台，除了基础检索等功能外，可以作为用户分享、创作的平台，转变用户资源受众角色，激发用户活力，促进用户内容生成（UGC），形成用户专属数据资源，构建真正意义上的用户个人图书馆。

第三节　数智时代下图书馆资源库的建设与利用

一、数智时代图书馆资源库建设的必要性

第一，信息量爆炸性增长需要高效的管理。在数智时代，信息量呈现出爆炸性增长，而图书馆作为信息资源的集散地，需要承担起对这些海量信息进行筛选、整理、存储和传播的责任。这就要求图书馆必须建立起一套高效的信息资源管理体系，以便更好地服务社会公众。

第二，用户需求多样化需要个性化的服务。随着社会的发展，用户对图书馆的需求也呈现出多样化、个性化的趋势。在数智时代，用户不再满足于图书馆提供的基本借阅服务，而是希望图书馆能够提供更加专业化、个性化的服务。这就要求图书馆必须对资源库进行建设和优化，以满足用户多样化的需求。

第三，信息技术的发展为图书馆资源库建设提供可能。随着信息技术的不断进步，尤其是大数据、云计算、人工智能等技术的发展，为图书馆资源库的建设提供强大的技术支持。图书馆可以借助这些先进技术，对资源库进行高效地建设和利用，提升图书馆的服务水平和质量。

二、数智时代图书馆资源库建设的主要内容

第一，数字化资源建设。在数智时代，图书馆资源库的建设首先需要进行数字化资源的建设。这包括对图书馆现有纸质文献进行数字化处理，以及通过网络等渠道收集和购买电子资源。数字化资源建设是图书馆资源库建设的基础，也是图书馆实现现代化服务的前提。

第二，元数据建设。元数据是描述数据的数据，对于图书馆资源库来说，元数据是进行资源检索和利用的关键。在数智时代，图书馆需要对资源库中的数字化资源进行元数据的建设，以便用户能够快速准确地找到所需信息。

第三，知识体系建设。图书馆资源库的建设不仅仅是数字化资源的堆砌，更

需要建立起一套完整的知识体系。这包括对数字化资源进行分类、标引和关联，使之形成一个有机的整体，便于用户进行深入的研究和探索。

第四，技术平台建设。在数智时代，图书馆资源库的建设还需要借助先进的技术平台。这包括利用大数据技术进行资源挖掘和分析，利用云计算技术进行资源的存储和计算，利用人工智能技术进行智能推荐和问答等。技术平台的建设是图书馆资源库建设的保障，也是图书馆实现智能化服务的关键。

三、数智时代图书馆资源库的利用

第一，提升用户信息素养。在数智时代，图书馆资源库的利用首先需要提升用户的信息素养。图书馆可以通过开展各种形式的信息素养培训，帮助用户掌握信息检索、评价和利用的技能，从而更好地利用图书馆资源库。

第二，提供个性化服务。图书馆资源库的利用还需要提供个性化的服务。图书馆可以通过对用户行为数据的分析和挖掘，了解用户的需求和兴趣，从而为用户提供更加精准和个性化的服务。

第三，开展跨界合作。在数智时代，图书馆资源库的利用还需要开展跨界合作。图书馆可以与其他文化机构、教育机构、企业等进行合作，共同开发和利用图书馆资源库，提升图书馆的服务水平和影响力。

第四，创新服务模式。图书馆资源库的利用还需要不断创新服务模式。图书馆可以借助现代信息技术，开展线上线下一体化的服务，提供虚拟参考咨询、在线教育、远程访问等服务，满足用户多样化的需求。

第四节　数智时代下图书馆数字资源评价体系构建

进入数智时代后，数字资源必然更易使用、更为精准，融合性更强、价值性更高，呈现方式更为多元，交互性、开放性和用户体验更好。从数字资源的服务应用来看，数字资源主要用于支持网络化的资源使用服务乃至智慧图书馆建设。

一、作为图书馆引进或构建数字资源的指导

第一，图书馆应选择支持智慧服务设计的数字资源。图书馆应根据数智时代用户对数字资源的需求，构建或引进支持个性化服务、自主化学习、智慧化管理的数字资源。

第二，图书馆应依据自身智慧图书馆建设基础和发展规划，构建或引进与之相应的数字资源，实现数智时代多模态数据的采集、组织、分析和呈现，为用户提供一站式服务。与此同时，图书馆要提高图书馆馆员的数字素养和智慧服务能力，建设数智时代面向智慧图书馆的专业馆员队伍，不断提升数字资源的服务效能。

第三，图书馆应高度重视用户数据安全，关注数智环境下多模态数据的版权和产权。图书馆应出台数据管理办法，完善图书馆数据管理系统与数字资源系统的对接。在数字资源使用过程中，牵涉用户个人信息和数据产权问题时要慎重处理，确保用户的学习活动安全有序开展。

二、作为管理机构引导和规划数字资源发展的依据

第一，管理机构应尽快出台数据安全的法律。政策指导数字资源在图书馆中的安全使用。首先，可以制定图书馆应用人工智能和大数据的制度政策，规范数智环境下的数据使用，确保数据安全；其次，可以构建面向馆员和用户的数据安全培训机制，提升馆员和用户的数据素养，化解数据安全风险；最后，尽快建立数智环境下的数字资源联盟，打造虚实共生的智慧化学习空间，构建图书馆、管理机构、数据商和用户共同参与的数字资源生态系统。

第二，鼓励并推动图书馆与数据商合作，构建数智时代数字资源的应用标准。首先，管理机构依据数智时代的技术标准和隐性风险，及早完善图书馆相关法律法规；其次，要尽快出台数字资源管理标准和应用指南，可以参考本研究提出的评价模型，将相关维度或指标纳入数字资源标准体系；最后，要积极引导数字资源的广泛应用，推动数字资源价值的充分实现。

三、作为数据商开发与设计数字资源的参考

第一，数据商应开发设计智慧化的数字资源，满足数智时代图书馆和其他用户的需求。数据商应结合数智时代的特征，运用前沿技术，从图书馆发展需求和服务视角设计数字资源的体系架构，开发支持图书馆个性化适应性服务的数字资源；不断提升数字资源的育人效果，不断降低数字资源的使用成本；完善数据安全保护技术，确保隐私数据不被泄露或破坏；不断扩大数字资源的用户群体，持续提升用户对数字资源的满意度和美誉度。

第二，促进产学研深度融合，共同构建精品数字资源。数据商应积极与图书馆研究机构、业内专家、一线馆员等利益相关方合作，融入先进技术，结合智慧图书馆特征，开发设计人机协同的数字资源，探索数智时代数字资源的新样态和新模式。

参考文献

[1]安相芹,高红莲,郭素春.图书馆管理与服务深化探索[M].北京:线装书局,2022.

[2]柏艺莹.重大公共卫生危机背景下高校图书馆读者服务模式的演变分析[J].兰台内外,2021(25):55.

[3]毕翔,徐跃铭,宋欣,等.媒体深度融合背景下的数字图书馆资源建设模式转向策略研究[J].图书馆,2023(12):23-29.

[4]蔡晓峰.高校图书馆设备管理工作对策解读[J].中国设备工程,2022(01):42-43.

[5]曹晓璐.数智时代下医学高校图书馆学科服务模式探究[J].传媒论坛,2024,7(01):117-120.

[6]陈玲.创新高校图书馆读者服务精细化研究之我见[J].中小企业管理与科技(上旬刊),2019(05):91-92.

[7]陈文娟.基于CNKI的图书馆数字资源评价研究[J].江苏科技信息,2023,40(06):12-16.

[8]程越欣.数智时代下高校图书馆自助服务模式研究[D].镇江:江苏大学,2022:19-47.

[9]范广秀,高晓东.现代图书馆资源管理研究与探索[M].北京:中国原子能出版社,2021.

[10]葛鸿基.新媒体时代的读者阅读方式变化与高校图书馆资源建设策略[J].办公室业务,2023(21):165-167.

[11]耿绅翔.大学图书馆资源开发与应用[M].长春:吉林出版集团股份有限公司,2021.

[12]龚健.安徽地方高校图书馆红色文献资源建设与推广[J].大学图书情报学刊,2024,42(01):50-57.

[13]胡剑光,郭姝,张奎,等."数智"背景下高校图书馆特藏资源库的建设与利用
[J].图书馆,2023(11):106-111.

[14]胡赛.高校图书馆管理与创新实践[M].沈阳:万卷出版公司,2022.

[15]黄如花,肖希明.数字信息时代的图书馆管理[M].武汉:武汉大学出版社,
2023.

[16]孔德超.图书馆资源配置研究[M].郑州:河南人民出版社,2017.

[17]李丹丹,刘士莹.文化软实力视域下公共图书馆地方文献资源建设[J].图书馆
学刊,2023,45(12):41-44.

[18]李国翠,郭旗.图书馆资源建设与管理艺术[M].长春:吉林美术出版社,2019.

[19]李贺敏."双一流"高校图书馆虚拟馆员应用研究[D].沈阳:辽宁大学,2023:
27-54.

[20]李平,张旭芳,陈家欣.数字化档案管理与图书馆资源建设[M].长春:吉林人
民出版社,2022.

[21]梁其学.高校图书馆资源利用的最大化研究[J].柳州师专学报,2014,29(02):
126-128.

[22]林晓欣,郭晶,张晗,等.新技术背景下学术图书馆的管理与服务:守正与创
新——"第十五届图书馆管理与服务创新论坛"综述[J].大学图书馆学报,
2023,41(02):51-56.

[23]刘淑玲.图书馆管理与资源开发建设[M].长春:吉林出版集团股份有限公司,
2022.

[24]刘小溪.现代管理理论视角下图书馆文献管理的实践创新研究——《现代图书
馆管理创新研究》荐读[J].情报理论与实践,2023,46(05):209.

[25]陆春华.学科建设视角下的高校图书馆数字资源评价指标体系建构[J].科教
导刊,2023(36):145-147.

[26]吕光远.基于知识管理的图书馆管理职能创新研究[J].黑龙江史志,2013
(14):83.

[27]马春梅.图书馆的地域文化传承担当[J].中学地理教学参考,2023(08):90-
91.

[28]马健伟.基层公共图书馆文献资源建设的实践与思考[J].文化月刊,2023(07):127-129.

[29]马蓉,胡琬坤,杨丽杰.图书馆管理与阅读服务[M].长春:吉林人民出版社,2021.

[30]潘永胜.全媒体时代图书馆读者服务现状与对策[J].中国报业,2023(22):218-219.

[31]宋菲,张新杰,郭松竹.图书馆资源建设管理与阅读服务研究[M].长春:吉林人民出版社,2021.

[32]宋冠群.现代图书馆管理的理念与实践探索[J].大学图书馆学报,2020,38(04):129.

[33]宋甲丽,程结晶."双减"背景下公共图书馆未成年人数字资源建设调查研究[J].图书馆理论与实践,2023(03):130-136.

[34]汤尚,彭晨曦.中国式图书馆现代化:生成逻辑、内涵价值、实践路径[J].图书馆,2024(01):32-37.

[35]陶丽红.论图书馆管理创新与图书馆事业可持续发展[J].内蒙古科技与经济,2022(12):135-137.

[36]田原.公共图书馆地域文化资源的开发与推广[J].中学地理教学参考,2023(06):94-95.

[37]涂茵.高校图书馆地方文献资源建设与文化传承——以江苏海洋大学为例[J].内蒙古科技与经济,2023(12):134-136.

[38]万莉,孙德福,刘士义.高校图书馆电子资源使用情况分析研究——以山西师范大学外文数据库为例[J].甘肃科技,2024,40(01):102-105.

[39]万幸,蔺吉睿."双一流"建设驱动下高校图书馆资源建设探索[J].公关世界,2023(22):117-119.

[40]王虎,王景.数智时代数字资源评价模型的构建与应用策略[J].图书馆界,2023(01):5-12.

[41]王球云,彭奇志.高校地方特色文献资源建设的实践与对策——以江南大学图书馆为例[J].科技资讯,202422(01):208-211+229.

[42]王胜利.图书馆纸质资源与电子资源协同文化传承策略[J].造纸信息,2024
(01):155-157.

[43]王姝,胡玫,刘道践.加强医院图书馆电子资源建设的几点思考[J].医学信息,
2008(07):1049-1052.

[44]王雪屏.结合用户需求,完善图书馆数字资源服务质量评价系统[J].文化产
业,2023(17):109-111.

[45]王岩玮.基于高质量发展理念的图书馆资源共享层次性分析[J].图书馆,2021
(04):14-19+25.

[46]王勇.高校图书馆读者服务和管理创新[J].文化产业,2024(02):52-54.

[47]王长熠.图书馆电子资源管理与预警策略分析[J].电子技术,2023,52(11):52
-53.

[48]魏芳.甘肃高校图书馆特色文献资源库建设述论[J].甘肃高师学报,2023,28
(03):138-142.

[49]吴青青.探讨图书馆资源建设与读者服务的关系[J].科技资讯,2024,22(02):
222-224.

[50]吴帅.图书馆管理与服务研究[M].汕头:汕头大学出版社,2022.

[51]项莉,张海营.图书馆区域特色文献资源平台建设方法研究——以荆楚文化数
字文献资源平台构建为例[J].现代信息科技,2024,8(02):41-44+49.

[52]杨晓丽.图书馆目标管理及实施[J].沈阳电力高等专科学校学报,1997(02):
47.

[53]杨颖.图书馆演变及发展的社会意义[J].黑龙江史志,2009(13):85.

[54]于芳,胡汉辉,吴应宇."双一流"高校图书馆人力资源管理创新研究——《图
书馆人力资源管理》荐读[J].情报理论与实践,2022,45(12):210.

[55]岳磊.试述能级原理在图书馆管理中的运用[J].内蒙古科技与经济,2010
(05):144.

[56]张川.公共图书馆地方文献资源建设探究[J].内蒙古科技与经济,2024(03):
146-148+152.

[57]张美莉.数字化时代高职院校图书馆纸质图书利用现状——以中州大学图书

馆为例[J].黑龙江畜牧兽医,2016(04):221.

[58]张睿丽.数字图书馆资源管理与建设[M].长春:吉林人民出版社,2019.

[59]张译文.图书馆管理与服务创新研究[M].北京:中国商务出版社,2022.

[60]赵梓璟.虚拟馆员在图书馆场景服务中的应用研究[D].南宁:广西民族大学,2023:21-46.

[61]周旸.高校图书馆管理体系建构探索——评《传播学视角下的高校图书馆导读体系构建》[J].传媒,2023(23):99-100.